U0458474

中国民间崇拜文化丛书

佛界百佛

徐彻　李焱——著

上海三联书店

编者的话

这四本书稿，我是在一年前开始接触的。如今，没有一个总起的序言。我便拨通了徐彻先生的电话，想请他写个自序。他接起电话，像往常一样客气又直爽。我简单表明了想法，没想到他在做透析，每周至少有三天在医院。他说，这个序言他是写不了了。他的声音稳重有力，我一时不能想象他在被病痛折磨。我询问是否有相识的学者，可以帮忙写序。他说，就他所知，做这方面研究的教授极少，没人愿意弄这个。我想了想，提议请沪上一位有名的学者写。他觉得此人一来不认识，二来对方虽然从事一部分宗教研究，但方向是中国基督教史，不合适。

随即电话那头传来了笑声，徐彻先生说，就你吧，我觉得你写这个序最适合。我连忙推脱，可是他异常坚持。

为徐彻先生的书写序，不胜惶恐，不仅因为徐彻先生著作等身，既是大学者，又是编辑界的前辈，更因为这四本看似轻小的丛书，里面有大学问。要为这套丛书写序，怎么也得是个大学者。作为编辑，我能够讲的只是另外一些东西。

这套名为“中国民间崇拜文化”的丛书，共四册，分别是《佛界百佛》《道界百仙》《冥界百鬼》《民间百神》。曾想给它们取“更市场化”的名字，试过好几个版本，还是原书名更准确地表达了书的内容，也更大气。四本书格局一致，每个佛仙鬼神都有编号，从1至100。为此特意在内文的右侧做了一个索引的设计，即便快速翻看，也能找到你想了解的佛仙鬼神。我想将它做成字典、手册，便于随时查阅和学习。

和大多数读者一样，我对这块知识也是“一知半解”或只是“道听途说”。在这之前，没有系统地学习，甚至没有读过类似的著作。但在阅读了书稿的一些章节后，我立刻意识到，这是套不容错过的好书。

书中佛仙鬼神的名称，对于不是研习宗教学的人来说，需要格外小心。我借来了《大辞海·宗教卷》(上海辞书出版社)、《佛教小辞典》(上海辞书出版社)，对每个佛仙鬼神一一核对。例如，阿弥陀佛的十三个名号，十六罗汉、天龙八部、十殿阎王各自的名称等，都极容易出现重复和错字。《佛界百佛》中佛的名称多是梵语音译，对照也需仔细。内容的准确是一本书的底线，为此请了专家审读把关，对难把握的地方反复校定。《佛界百佛》讲到马头明王时有一段：

马头明王虽为观音化身，但其面目无温柔容，而现愤怒相。其像有一面二臂、三面八臂、四面二臂、四面八臂等多种。一面二臂者，身红色，三眼圆睁，獠牙外露，发须皆红黄上竖，头顶上有绿色马首。右手持骷髅宝杖，左手施期克印。头戴五骷髅冠，项挂五十人头璎珞，以虎皮为裙，以蛇饰为庄重。以莲花日轮为座，威立于炽热般若烈焰中。

这段文字写得很好，只有一句“发须皆红黄上竖”让人有疑问：红黄是两色，前面却用了“皆”字。是否应为“发须皆红而上竖”呢？我首先查看了马头明王的画像，其造型都是赤红一身，说“身红色”是没有问题的。发须是红黄二色，因此不应是“发须皆红而上竖”。我依然不放心，又查阅了《佛教小辞典》关于马头明王的描述，但辞典并无对马头明王毛发的说法。我再上网查询，居然见到网页上关于马头明王的一段文字，竟与书稿上这段文字，一字不差！

我心一紧，立即联系了徐彻先生。他耐心地作了答：一、上面一段文字，是他本人写的。因为书稿中部分内容之前出版过，网上此类关于马头明王的说法，应该是引用了他文章中的文字。二、马头明王的须发还是“红黄上竖”。最后，这段文字，“发须皆红黄上竖”一句去掉了“皆”字，“威立于炽热般若烈焰中”一句去掉了“炽热”两字。

书稿中每个佛仙鬼神原来都配有图片，由于图片质量不等，加之风格不一，只好做了大量的删除和修改。我先制定了一个标准：不是老的不用。也就是说，书中的插图要么是古画，要么是古代雕塑、石刻，尽可能的气质统一。寻找合适的图片花费了很长时间，这也让我接触到一些有意思的老刊本和画卷。书中的图片虽是对文字的补充，却并非只是配角，完全可以独立来看。

虽说可将本丛书当作“字典”“手册”，但内容绝不像字典、手册那么简单。徐彻先生是著名的中国晚清史学者、中国现代史学者，这套丛书贯穿其严谨的学术风格，引用精当，资料翔实。令人惊喜的是，书中的文字干净、生动、典雅，给人带来读小说的愉悦。这套书或许不能算是开创性的著作，但对一百个佛仙鬼神的记录，不仅在古书的基础上作了大的补充，还写出了自己的味道，在当下极为稀有，可称为无二之作。

《佛界百佛》共9万字，分为7章。这7章是：佛陀部，列10位佛陀；菩萨部，列9位菩萨；观音部，列14位观音；诸天部，列20位天王；明王部，列8位明王；罗汉部，列21位罗汉；高僧部，列18位高僧。书中将印度的佛与中国的佛混编在一起，既能看到传承，也能读到演变。

《道界百仙》共12万字，分为10章。这10章是：创世神、天尊神、星宿神、游仙神、真人神、护法神、佑民神、居家神、山泽神、匠作神。此册有《列仙传》《三教源流搜神大全》的影子，里面的插图在本丛书中最为别致。

《冥界百鬼》共12万字，分为8章。这8章是：鬼王部、鬼帅部、鬼吏部、鬼煞部、鬼卒部、情鬼部、善鬼部、恶鬼部。书中记录的鬼，林林总总，不少的名字我连听也未曾听过，如：针口饿鬼、食气鬼、伺便鬼、痴鬼、报恩鬼、傻鬼、蛇鬼等等。平常人们谈鬼色变，忌讳谈鬼，这本书却可以让人了解冥界几乎所有的鬼。在本丛书中，这一册故事性最强，是我最喜爱的。在我看来，欲做人，先读鬼，这百鬼便是百人千面。

《民间百神》说的是中国俗神，共14万字，分为7章。这7章是：信仰神、欢乐神、情感神、吉祥神、护卫神、行业神、自然神。中国人对神的信仰，也是心灵的寄托和精神的安慰。遭遇不幸的时候，他们想到了神；寻求幸福的时候，他们也想到了神。于是，对神的信仰，就成了人生的一种态度，生活的一种方式，文化的一种形态。徐彻先生一直强调，他关注神仙文化，是想通过对神仙文化的研究，进一步了解中国传统文化。

说到底，佛仙鬼神是人类生活的这个世界的一部分，是人类精神的一部分。了解佛仙鬼神，自然是了解这个世界，是了解人类的精神。我们一直想看清这个世界真实的面貌，人类精神真实的面貌，这是我们对“真”执着的追求。而世界真实的面貌，人类精神真实的面貌，只能存在于世界完整的面貌，人类精神完整的面貌当中。因此，这套丛书就有特别的价值了。

现在编辑工作收尾了，上海入了秋，却比夏天还热。我心里还是惶恐，担心因为能力不够，编辑工作有这样或那样的问题。在这里，只有恳请徐彻先生和读者见谅了。

陈马东方月

2018年9月于上海

目录

第一章　佛陀部

第二章　菩萨部

第三章　观音部

第四章　诸天部

第五章 明王部

第六章　罗汉部

佛陀部

第一章

01 如来佛

平时经常说到佛。什么是佛？佛，是佛陀的简称，是Buddha的音译。佛陀的意思是觉者或智者，即是有觉悟的人或有智慧的人。佛不但能自觉，而且能觉他。佛陀是印度早就存在的一个词，但佛教赋予它完全不同的新的含意。佛陀是指在智慧和功行上，达到最高级最圆满境界的人。

什么是如来呢？如来，包含如实的意义。是佛陀的另一种说法。如释迦牟尼佛，可以称为释迦牟尼如来。

如来佛，就是释迦牟尼佛。他是佛教的创始人，是佛门的第一神，是佛国的最高统领。

如来佛处于公元前六世纪，正是我国春秋时代，与孔子同时代。他的名字是悉达多，他的姓是乔达摩。因为属于释迦族，所以人们又称他为释迦牟尼，意思是释迦族的圣人。其实，如来佛最早不是神，而是人，实有其人。

说来话长，释迦族是很有来历的。公元前十三世纪，释迦族就在喜马拉雅山的南麓建立起了迦毗罗卫国。迦毗罗卫国传到六世国王净饭大王时，国家更加昌盛。净饭大王的夫人是贤惠的摩耶。有一天，摩耶夫人在睡梦中，感到有一个骑着大白象的奇人向她走来，人和象一下子从她的右肋钻入腹中，于是摩耶夫人怀孕了。摩耶夫人怀胎十四个月，在途经蓝毗尼花园时，在右肋诞生了可爱的小太子悉达多。这就应了圣者十四个月而生的圣人之言。小太子降生第五天，取名为悉达多，意思是成就一切或一切义成。

但是，不幸的事发生了。小太子诞生的第七天，摩耶夫人就去世了。不幸中有幸的是，摩耶夫人的小妹摩诃波阇波提公主，前几天来向姐夫净

清代绘《释迦牟尼佛坐像》唐卡

饭大王和姐姐贺喜。姐姐的突然离去，使得摩诃波阇波提公主心如刀割。她看到小悉达多十分可怜，就主动提出留下来照顾小太子。净饭大王非常感激。摩诃波阇波提公主精心地呵护着小悉达多。三年之后，摩诃波阇波提公主被选为净饭大王的王妃。

悉达多天资聪颖，酷爱思考，智力超常，毅力过人。印度最高的学术是“五明”和“四吠陀”。所谓五明，一是语言、文字学方面的声明；二是工艺、建筑学方面的工巧明；三是医学方面的医方明；四是逻辑学方面的因明；五是宗教学方面的内明。在这五明当中，每一明又包含了许多内容。譬如说声明，它就包含了语言学的全部内容。古印度一向不重视历史的文字记载，包括对于重大的历史事件，也都是口口相传留给后人的。因为没有文字可以参考，所以，要研究语言文字本身的问题，其难度是超乎想象的。

所谓的“四吠陀”，它是印度最古老的宗教经典著作，产生于公元前十五世纪至前十三世纪。因为它由四部或者说四大门类组成，所以称为“四吠陀”。“吠陀”的意思是“知识”“学问”。

净饭大王为使悉达多尽快学会五明，特聘著名的五明大师婆罗门学者跋陀罗尼为太子的老师，学习五明；又特聘著名学者拜迦蜜和忍天所为师，学习四吠陀。

从七岁到十二岁，悉达多刻苦学习了五年。悉达多的学问猛进，知识倍增。他完全掌握了五明和四吠陀。他的智慧像海一样深邃，像天空一样广袤。老师跋陀罗尼深深地感到，自己已经没有能力再教授这个弟子了。于是，跋陀罗尼提出辞呈，辞去了太子老师的荣耀职务，离开了王宫。但是，跋陀罗尼此时已经看出了悉达多的出家倾向。

悉达多在过完十二岁生日的第一个元日，净饭大王让悉达多拜见了拜迦蜜和忍天所。从此，开始了长达四年的习武阶段。经过四年的学习，悉达多的武艺精进，无人能比。

十七岁的悉达多，一身正气，热爱众生，不恋女色，但却出现了出家的苗头。净饭大王看着儿子不食人间烟火的模样，担心他出家，很是焦急，准备用说亲的办法，收拢儿子悉达多的心。净饭大王为悉达多选中了一个妃子。这就是邻邦天臂城主善觉大王的长女耶输陀罗公主。公主生得闭月羞花，倾国倾城。净饭大王亲自为儿子去求婚，但善觉大王提出了竞选女婿的做法，以免邻国为此发生争端。净饭大王对此表示理解，就动员悉达多参加了竞选。经过层层文武比拼，悉达多脱颖而出，力拔头筹，当上了耶输陀罗公主的夫婿。

佛陀为什么要结婚呢？原来悉达多太子和耶输陀罗公主的姻缘颇有来历，早在无量劫前便已结下。那时，悉达多是波罗奈城中的一个有地位的长者的儿子，身份高贵；而耶输陀罗则是地位低下的一个铁匠的女儿。一天，长者的儿子看中了铁匠的女儿，就告诉父母，要娶她为妻。开始长者不同意，后来长者同意了，铁匠又不同意。经过重重波折，有情人终成眷属。正是这无量劫前的一段姻缘，才使后来悉达多太子娶了耶输陀罗公主为妻。

同样，也是由于无量劫前的姻缘所系，悉达多太子在父亲净饭大王的操持下，又先后娶了摩奴陀罗和大臣檀荼波尼的女儿檀荼瞿多弥为妻。并且，净饭大王为太子立三等宫：第一宫，以耶输陀罗公主为首，有两万彩女于初夜服侍太子；第二宫，以摩奴陀罗为首，有两万彩女于半夜服侍太子；第三宫以檀荼瞿多弥为首，也有两万彩女于后夜服侍太子。服侍太子的彩女共有六万。净饭大王想以此拴住悉达多太子的心。

悉达多太子和耶输陀罗公主成婚后，悉达多的性格发生了变化。他和耶输陀罗公主，男欢女爱，十分相得。净饭大王看着高兴，以为自己的计划就要实现了。

转眼十年过去了。悉达多太子在王宫里荣华富贵，养尊处优。有一天，悉达多太子得到优美旋律的暗示，忽然想到京城郊外去畅游一番。第一次出东门，他碰到了一个衰朽不堪、沿街乞讨的老人；第二次出南门，他碰到了一个身患重病、呻吟不止的病人；第三次出西门，他碰到了一个没有思想、没有情感的死人。

三次出游，悉达多太子看到了人生的老、病、死三种苦相。他由此百感交集，思绪丛生。他陷入了深深的思考，企图寻求拯救芸芸众生的良方。

净饭大王得知悉达多走火入魔，担心他会要求出家。所以，在有充分准备的前提下，答应悉达多第四次出北门郊游。不承想，悉达多郊游回来，就径直向净饭大王提出了出家的请求。原来，这第四次出北门，他碰到了一个须发剔除、踽踽独行的僧人。悉达多同这位僧人进行了初步交谈，知道了什么是出家人，出家人是为拯救众生的，是最伟大的。悉达多认为自己终于找到了答案，遂决意出家。

净饭大王给悉达多设置了美女羁绊和武力防范等重重障碍。但悉达多去意已决，他终于星夜离宫，逃出了迦毗罗卫国。悉达多割断黑发，换上袈裟，表示自己已经出家了。

悉达多风尘仆仆，来到跋迦婆仙人修道的苦行林，受到热烈的欢迎。他表示要参观跋迦婆仙人修行的方法，得到准许。几个苦行仙人带领悉达多参观了苦行者的修行方法。他看到苦行者的生活极其艰难，有的吃菜，有的吃草，有的吃树枝，有的吃牛粪；有的修站行，有的修坐行，有的修倒立，有的修止语；有的躺在荆棘上，有的躺在石板上，有的卧在树干上，有的睡在坟岗上。

悉达多是善于独立思考的。

参观后，他对用苦行的方法来换取因果报应感到不满。于是，他离开此地，去寻找新的修行之道。悉达多找到了阿罗蓝大仙人。他虚心求教，在很短时间里，就证得了阿罗蓝所说的最高境界，得到了甚至高于阿罗蓝大仙人的果位。后来，悉达多辗转来到迦耶王仙的旧城。他看到，此地山川秀美，花果满枝，就决定在此修炼。悉达多决定每天只吃一米，或一豆，一麦，以求活命。悉达多一炼就是六年。他的道心增长，境界提高。但是，他的身体却受到极大摧残，面貌衰老，四肢僵硬。悉达多总结教训，认为这种形式上的修炼与苦行者没有什么区别，就决心放弃这种修炼方法。

悉达多放弃了六年的苦行生活之后，迤逦来到了迦耶山。在此，他发现了一棵又粗又大的毕钵罗树，枝繁叶茂，有如巨大的太阳伞。树下有一块平整的巨石。悉达多仔细观察了这棵大树和这块巨石，感到这是上苍提供给他的极好的修道场。于是，他决心在此修道。悉达多发下大誓愿："我若不证得无上大菩提，宁可碎是身，绝不起此座！"悉达多没有违背自己的诺言，他在迦耶山的毕钵罗树下入定了整整四十九天，终于成为大觉尊佛陀了。这一天，是腊月初八。悉达多所成就的佛陀妙果概括起来说，是十二因缘、四圣谛、八正道。

此时，佛陀悉达多想起了追随自己多年的憍陈如等五人。他们五人本来是迦毗罗卫国王师中人。悉达多逃出迦毗罗卫城时，他们被派去追寻悉达多太子。后来悉达多出家了，他们五人也出家了。悉达多在找寻新的修道之法时，离开了他们五人。五人却继续苦行修炼。

悉达多在波罗奈国的鹿野苑找到了憍陈如、摩男跋提、十力迦叶、摩诃俱利和阿说示五人，并向他们宣讲了十二因缘、四圣谛、八正道等大法。

他们受到了极大触动，心中豁然开朗，表示从此奉行这个救世大法。由于他们善根深厚，在悉达多佛陀的教化下，当即就证得了阿罗汉果。这是悉达多成佛后的第一次说法，在佛教史上被称为“初转法轮”。憍陈如等五人是佛陀最初度化的出家弟子，被称为“初度五比丘”。

这样，就产生了佛教三宝：释迦牟尼成就佛陀正果，称为“佛宝”；佛陀成道后所演说的四圣谛等法，称为“法宝”；佛陀初度的五比丘，称为“僧宝”。三宝具备了，佛教从此就流布天下了。

之后，佛陀悉达多想教化一个有威望的修行人，以此来教化更多的人。佛陀相中了已经一百多岁的优娄频罗迦叶。他是祀火婆罗门的教主，又是摩揭陀国国王的师父，自以为是，目空一切。迦叶有兄弟三人，他是老大领有五百弟子，老二领有三百弟子，老三领有二百弟子。三迦叶兄弟的外甥还领有二百五十弟子。佛陀和不可一世的大迦叶斗法，终于征服了大迦叶。这样，三迦叶兄弟及其外甥和他们领有的一千二百五十人就都皈依了佛陀。一千二百五十人出家，成为阿罗汉。

佛陀率领一千二百五十位弟子，应摩揭陀国国王频婆娑罗王的邀请，来到了摩揭陀国首都王舍城。佛陀看中了其城外的灵鹫山。这里林茂花织，水流鸟唱，是个修行的好地方。于是，佛陀决定在这里说法修行。因为佛陀悉达多给摩揭陀国带来了无比祥瑞，频婆娑罗王决定把美丽的迦兰陀竹园赠给佛陀，建议在此建立一个大的精舍，给佛陀长期居住和说法。佛陀高兴地接受了频婆娑罗王的布施。半年后，一座比王宫更宏伟的建筑拔地而起。精舍由佛陀命名为竹林精舍。它分为十六座大院，每院有六十间房舍。另有五百座楼阁，七十二间讲堂。竹林精舍是世界最早的佛教寺院。佛陀经常在这里说法开化，导凡拯俗。后来逐渐形成了以佛陀为中心的佛团组织。

佛陀在传道初期曾经得到两位大弟子，一个是智慧第一的舍利弗，一个是神通第一的目犍连。

后来，憍萨罗国的国王波斯匿、太子祇陀、大臣须达等，为佛陀建造了一个新的精舍。佛陀给它命名为祇树给孤独园精舍。这个精舍，富丽堂皇，美妙绝伦。有寝室数百间，还有礼堂、讲堂、集会堂、休养室、浴池、客堂、储藏室等，规模远远超过了竹林精舍。佛陀很喜欢这个地方，以后经常在这里讲法。释迦牟尼佛陀的影响遍及印度，但他长期居住的地方却是王舍城和舍卫城。特别是舍卫城，他在这里居住了二十五年。释迦牟尼的经典大部分是在这两个都城宣讲的。

后来，释迦牟尼佛出得舍卫城，一路讲经说法，来到了拘尸那揭罗城。拘尸那揭罗城是末罗国的都城。释迦牟尼佛在都城郊外涅槃。末罗国人举行隆重的仪式，末罗族青年将释迦牟尼法体放入特制的金棺，然后想把金棺抬回城里。但是，无论来多少人也抬不动。然而，金棺却轻轻升起，向城里飞去。金棺并没有进城，而是绕城数圈之后，向城外的天冠寺飘去，安稳地落在天冠寺内。

金棺置放在香楼上，焚烧了七天七夜。但是，打开金棺后，释迦牟尼佛法体完好如初。人们见此情景，都大吃一惊。过了一会儿，坚如金刚的法体突然粉碎为无数颗粒状的舍利，还有四颗完整的佛牙舍利。舍利被分成八份，由八个国家均分了。另有迟到的两国的代表，一个捡拾碎骨小块，一个扫骨灰，共合十份，各造一塔供养，总计十塔。

弥勒佛

02

弥勒佛有两位，一位是印度的洋弥勒，一位是中国的土弥勒。

洋弥勒，姓阿逸多。弥勒是他的名字，是梵文的译音，意译是慈氏。那时他是菩萨，还没有成佛。据《弥勒上生经》和《弥勒下生经》的记载，弥勒佛生于印度南天竺婆罗门家，是一个贵族，是释迦牟尼佛的弟子。他负有特殊的使命，先于释迦牟尼佛离开人世，上生兜率天内院，接受上天的洗礼。兜率天即“妙足天”，是候补佛的基地。经过四千岁，即人间的五十六亿七千万岁，弥勒佛下生人间，于华林园龙树下成佛。释迦牟尼佛死后，他作为接班人，广传佛法，成为佛教领袖。因此，弥勒佛被称为弥勒如来。相传，弥勒佛活了八万四千岁。

宋代梁楷绘布袋和尚

土弥勒，名叫契此。五代时后梁的和尚。浙江奉化人，号长汀子。这是一位充满神秘色彩的怪和尚。他的长相很奇特，身材矮胖，肚腹滚圆。他用一根破木棍，挑着一个破布袋，布袋里装着他所有的家当。他居无定所，随处而安，还经常说出一些让人摸不着头脑的话，像个疯和尚，人们给他起个外号叫布袋师。冬天，有时他躺在冰雪中，雪不沾衣。说人家吉凶祸福，屡试不爽。他脚着湿草鞋，天就要下雨；足履干木屐，天就要大旱。他曾作歌道："只个心心心是佛，十方世界最灵物。纵横妙用可怜生，一切不如心真实。万物何殊心何异，何劳更用寻经义。"他非常崇拜主观的心，认为心是"十方世界最灵物"。他有时作偈以自娱抒情。偈（jì），是佛经中的唱词。曾偈道："一钵千家饭，孤身万里游。青目观人少，问路白云头。"表现了他的乐天达观的性格。后梁真明三年（916）三月，布袋和尚来到奉化岳林寺东廊，端坐在一块巨石上，说偈曰："弥勒真弥勒，分身千百亿。时时示时人，时人自不识。"

唱罢，布袋和尚安然而逝。这时人们才恍然大悟，原来布袋和尚是弥勒佛的化身。回想起布袋和尚生前种种奇特的表现，人们终于找到了答案。于是，人们把他的肉身埋葬在岳林寺西二里的山上，并起名弥勒庵。此后，人们按照布袋和尚的形象雕塑成弥勒佛，置放于天王殿正中，虔诚膜拜。

03 阿弥陀佛

阿弥陀佛是西方极乐世界的教主。佛教典籍认为，从地域讲，有三个世界，也有主宰三个世界的三尊佛。他们是东方净琉璃世界的药师佛，婆娑世界的释迦牟尼佛和西方极乐世界的阿弥陀佛。阿弥陀佛是梵文，译为无量寿。

相传，西方有一个国家叫极乐。这是佛教宣传最广、影响最大的佛国净土。为什么叫极乐呢？因为这个国家里的百姓，没有任何痛苦，尽情地享受着诸般快乐。这个国家，其国土铺满黄金。到处是七宝池水，池底布满金沙。所有的街道，都是金银铺就。亭台楼阁，是金银琉璃制成。国中飞禽鸟雀，叫声婉转悦耳；国中树木花草，芬芳沁人心脾。这个国家之所以如此美好，都是因为百姓笃信佛教。百姓供奉了十万亿尊佛像，念佛之声不绝于耳。因此，阿弥陀佛关照此地，使之成为极乐世界。

芸芸众生都希望来世能够进入极乐世界。那么，百姓怎样才能升入极乐世界呢？佛书告诉信徒，方法很简单，只要时时刻刻地诵念“阿弥陀佛”名号，阿弥陀佛就会接引念佛者往生西方极乐世界。这是老百姓进入极乐世界的捷径。因此，阿弥陀佛又被称为接引佛。他在寺院的塑像，也多作接引众生的姿势，右手垂下，作与愿印。左手当胸，掌中有金莲台。据说，这金莲台就是众生往极乐世界的座位。

阿弥陀佛有十三个名号：无量寿佛、无量光佛、无边光佛、无碍光佛、无对光佛、焰王光佛、清净光佛、欢喜光佛、智慧光佛、不断光佛、难思光佛、无称光佛、超日月光佛。

04 欢喜佛

欢喜佛是佛教密宗供奉的一种佛像，原为印度古代传说中的神。这个神，梵文称为俄那钵底，可译为“无碍”“喜欢”，所以称为“欢喜佛”。欢喜佛是藏传佛教密宗的本尊神，是佛教中的“欲天”“爱神”。在喇嘛寺里，几乎都供奉此种佛像。

欢喜佛的造型十分奇特，极富想象。大体分为两类，一类是单体的，例如北京雍和宫密宗殿里供奉的“大威德金刚”（大威德明王）；一类是双体的，例如西藏的很多寺庙供奉的“欢喜金刚”“胜乐金刚”等。这些佛像奇形怪状，其含义不得索解。有的多个脑袋，有的多只手臂；有的腰间挂人头，有的脚下踩男女；有的双抱交媾，有的单身裸立。相貌丑陋者有之，模样俊俏者有之。

欢喜佛，无论是单体的还是双体的，都是裸体的，一丝不挂，一尘不染，象征脱离尘垢凡界。欢喜佛最常见的形象是男女裸体相抱交媾，男性代表方法（方便），女性代表智慧，即所谓方法与智慧相结合的意思。男女相合为一完人，圆满俱足，修证所得，就是欢喜，就是快乐。但这个欢喜和快乐，是信念的象征，而不是男女的淫乐。

追踪溯源，佛教密宗的这些神像的崇拜，是和印度教有着千丝万缕的关联的。佛教和印度教在形成过程中存在很大差异。佛教否认有主宰一切的神，而印度教则主张万物都是由无所不能的梵神创造的。佛教主张“中道”，反对偏激；而印度教的不同派别，有的主张自我折磨，有的主张放纵声色。但是，不可否认的是，佛教为了延续自己的发展，也相应地吸收了印度教的一些内涵，演变为密宗。佛教艺术吸收了印度教艺术的一些特色，引进了护法神，出现了多头多臂的菩萨像，愤怒凶恶的神佛像，还有男女双修的暴露形象。

欢喜佛的来历，有个神话传说。据说，观世音菩萨悲悯天下众生，运用慈善法力将自己变化成女人毗那夜迦的模样，来到欢喜王的住地。毗那夜迦是象鼻财神，乃佛门护法。欢喜王看见毗那夜迦生得美丽，陡起淫心，想要拥抱对方，

遭到拒绝，于是只得以礼相待。这时，女子娓娓说道，我虽是女子，但很早就笃信佛教，并得到袈裟衣钵。你实在要和我亲近，可以随我教，成为佛教信徒。等待来世，为佛护法，不做业障，不生恶心，这样才能成为我的亲友。欢喜王听得这番话，非常高兴，说道：“我按照缘分遇上你，从今以后，我定跟随你们护法，做善事。”于是，毗那夜迦女含笑与他相抱。因此，人们以后看到的欢喜佛都是男女双佛相抱的形状。

欢喜佛像
《吉祥喜金刚集轮甘露泉》

05 毗卢遮那佛

毗卢遮那佛是中国佛教寺院中常见的一尊佛像。佛教密宗把毗卢遮那佛称作大日如来。毗卢遮那是梵文，译为“卢舍那”“遮那”，意译“光明遍照”“大日”。佛教内部各派对此有不同的解说。

华严宗认为毗卢遮那佛是释迦牟尼佛的报身佛。华严宗是汉传佛教十大宗派之一，以《华严经》为最高经典。东晋佛陀跋陀罗译《华严经》，将其译为“卢舍那”；唐实叉难陀译《华严经》，将其译为“毗卢遮那”。华严宗据此认为，毗卢遮那与卢舍那分别为音译的全称和略称，是指一尊佛。这尊佛，他们认为就是《华严经》所说的释迦佛的报身净土莲华藏世界的教主。也就是说毗卢遮那佛就是释迦牟尼佛。

天台宗看法则不同。天台宗，亦称法华宗，为汉传佛教十大宗派之一，以《妙法莲花经》为依，因创立于浙江天台山而得名。他们将毗卢遮那佛、卢舍那佛、释迦牟尼佛分别视为法身佛、报身佛、应身佛。

密宗也有自己的观点。密宗，亦称密教，是大乘佛教的一个支派。密宗又有汉传密宗、藏传密宗之分。汉传密宗是汉传佛教十大宗派之一，以日本东密和台密为代表。密宗把大日如来佛作为最高的尊奉对象，认为他是佛教所说的理性和智慧的集中体现，是理智不二的法身佛。在密宗的造像布局中，有所谓的“五方佛”。

河南省洛阳市龙门石窟
卢舍那大佛及其身边佛像

五方指东、西、南、北、中。其中，东方阿閦（chù）佛代表大圆镜智，表示“觉性”，住在妙喜世界；西方阿弥陀佛代表妙观察智，表示“智慧”，住在极乐世界；南方宝生佛代表平等性智，表示“福德”，住在“欢喜”世界；北方不空佛代表成所作智，表示“事业”，住在莲花世界；中央毗卢遮那佛，就是大日如来，代表法界体性智，表示“清净”。五方佛又称为金刚界的五智如来。

毗卢遮那佛佛身颜色为白色。最著名的一尊毗卢遮那佛即卢舍那大佛像位于河南省洛阳市龙门石窟，传说它是按照武则天的形象雕塑的。如今，这尊卢舍那大佛像已经成为龙门石窟的灵魂和象征。

06 药师佛

药师佛即药师如来，全称“药师琉璃光如来”，亦称大医王。佛经称其为东方净琉璃世界的教主。据唐玄奘译《药师经》记载，其在成佛时曾经发下十二大誓愿，要满足众生一切愿望，解决众生一切痛苦。他的东方净琉璃世界是佛教理想中的净土乐园。这里人人衣食无忧，幸福安康，没病没灾，乐享太平。

药师佛是佛教横三世佛之一。所谓横三世佛，是指从空间上讲，东、西、中三个佛世界的佛。三个佛世界是指中央的婆娑世界、东方的净琉璃世界和西方的极乐世界。婆娑世界是佛教中苦难的现实世界，净琉璃世界是佛教理想中的乐园，极乐世界是佛教中的佛国净土。中央婆娑世界的教主是释迦牟尼佛，东方净琉璃世界的教主是药师佛，西方极乐世界的教主是阿弥陀佛。

横三世佛是针对竖三世佛而言的。佛教从时间上讲，分为过去、现在、未来三世。释迦牟尼佛居中是现在佛，其东边为过去的燃灯佛，西边是未来的弥勒佛，这就是竖三世佛。

横三世佛在大雄宝殿中的位置是固定的。释迦牟尼佛居于中间，为本世佛；药师佛居左，其结跏趺坐，左手持钵，表示甘露，右手持药丸；阿弥陀佛居右，其结跏趺坐，双手叠置足上，掌中为一莲台，表示接渡众生。结跏趺坐又称全跏坐、正跏坐，即是盘膝正坐。这是各种佛像中最常见的一种坐姿。佛教认为，这种坐姿最安稳、最省力，身端心正，目敛心静，因此修行坐禅者多采用此种坐姿。

由于药师佛拥有众多善男信女，很多寺院单独设有药师殿。殿内正中为药师佛，其两旁则是他的胁侍菩萨，一般是日光菩萨和月光菩萨。合称“药师三尊”，或“东方三圣”。此外，药师佛还有十二大将。

十二大将，亦称十二大药叉将，是守护药师佛法门众生的十二位神将，个个都来头不小。这十二大将传到中国后，被彻底汉化了，不仅赋予了中国人看得懂的名字，而且还与中国的十二时辰对应了起来。他们是：第一位子神弥勒菩萨；第二位丑神大势至菩萨；第三位寅神阿弥陀佛；第四位卯神观世音菩萨；第五位辰神如意轮观音；第六位巳神虚空藏菩萨；第七位午神地藏菩萨；第八位未神文殊菩萨；第九位申神大威德菩萨；第十位酉神普贤菩萨；第十一位戌神大日如来；第十二位亥神释迦牟尼佛。

据说信奉药师佛能够医治百病。他右手所持的法物名诃梨勒，中医称藏青果、随风子，可以除去一切顽疾苦痛，是药中之王。药师佛信徒甚众，寺院中药师佛像前的香火一直很旺盛。

07 燃灯佛

燃灯佛，即定光如来、锭光如来、普光如来、灯光如来。供奉“竖三世佛”的庙宇，往往在正殿大雄宝殿中供奉燃灯佛（左侧）、释迦牟尼佛（正中）、弥勒佛（右侧），代表过去、现在、未来三世。

据三国吴支谦译《瑞应本起经》记载，释迦牟尼前世曾是一位虔诚敬佛的信徒，当时他曾重金买下一枝稀罕的五茎莲花，贡献给燃灯佛。由于莲花是佛教中的圣花，五茎莲花更是圣花中之珍品。因此，这个贡献使燃灯如来甚为高兴，佛在欢悦之余，给这位信徒（释迦的前身）授记，预言他将在九十一劫之后的贤劫时，一定会成佛，即授释迦牟尼佛。劫即劫波，指佛教中所说的很长的岁月，有大劫、小劫之分。

与其相适应的还有一个佛教传说。当初，释迦牟尼还是善慧童子时，见一位王族女子拿着许多青莲花，他就花了五百钱买来五枝，奉献给燃灯佛。又传说在过去无量劫中，有一天，善慧童子在路上行走，正巧遇到燃灯佛也在路上走着。善慧童子发现地面有一摊污水，心想佛是赤足行走，这污水一定会弄脏了佛的双脚。就顿发大心，亲身扑在地上，还用自己的头发，铺在污水上面，等着燃灯佛从他头发上走过去。当时燃灯佛看到善慧童子这种布发掩泥的情景，就授记说："善男子，汝于来世，当得作佛，号释迦牟尼。"

从上面的传说中我们可以得出一个结论：燃灯佛在释迦牟尼成佛之前已经就是佛了，这也是其过去佛称号的本意。如此尊贵的佛到了中国自然也受到重视。汉传佛教以农历八月二十二日为燃灯古佛诞日，而且在信众中还流传着一个燃灯佛化身长耳和尚的故事。

五代十国期间，吴越王请老师永明大师安排，邀请一千位出家人赴宴。宴会开始前，众人为谁坐首席的问题谦让了许久。大家都认为永明大师是帝师，理所应当坐首席。可是永明大师非常谦逊，无论如何不肯就坐。这时，不知从哪里冒出来一位身穿补丁僧袍的长耳和尚，他也不看大家，一屁股就坐在了首席的位置上。吴越王看在眼里，本想将长耳和尚撵走，但见老师永明大师还是一副笑脸，也就不想多事了。宴会后，吴越王问永明大师："今天有圣人来吗？"永明大师说："当然有啊。"吴越王问："是哪个？我怎么没看到呢？"永明大师说："是燃灯古佛啊。"吴越王追问："是谁呢？"永明大师回答："就是坐在首席的长耳和尚啊。"吴越王听罢，立即派人去找。找到后，来人请燃灯古佛同回皇宫。长耳和尚仅说了一句"弥陀饶舌"便圆寂了。原来，燃灯古佛的意思是"阿弥陀佛多嘴泄露了他的行踪"。人们这才恍然大悟，原来永明大师就是阿弥陀佛啊。一次宴会请来两位佛，吴越王真是赚大了。

08 阿閦佛

阿閦（chù）是梵语，意为不动、无动或无愤怒、无瞋恚等。阿閦佛，又称不动佛、阿閦婆佛、无瞋恚佛、阿閦如来。密教认为，阿閦佛即阿閦如来，是金刚界五智如来中的东方如来，代表了大圆镜智。据说，此智能明察三世一切诸法，万德圆满，无所欠缺，犹如大圆镜之能显现一切色像，故称大圆镜智。

佛教界有人认为，学佛第一个便应学阿閦佛，因为他是不动佛。不动，就是意志坚定，心无旁骛。学阿閦佛，就是学习不动。不为旁门左道所动，静下心来，领会佛法的真意。

据佛经说，阿閦佛在成佛以前，曾经侍奉过大日如来。后来受到大日如来的感化，修行成佛，在东方建立了一块乐土——妙喜世界。现在他仍然在此说法。如果众生有发愿生于此地者，可以转生于此，乐享终生。

阿閦佛能够传到中国，须感谢东汉时期来到洛阳的西域高僧、佛经译师支娄伽谶。他是最早将佛教大乘经典翻译成中文的外国人。在他所翻译的众多佛经中，《阿閦佛国经》介绍了阿閦佛成佛过程及东方妙喜世界的美丽。这部佛经是汉传佛教净土宗最初的经典。支娄伽谶也因此被奉为妙喜宗东土初祖。妙喜宗即指修习妙喜世界阿閦佛的信众。

净土宗为汉传

山东省济南市四门塔风景区
北魏时期的阿轻佛像

佛教十宗之一，中国祖庭在江西省九江市庐山东林寺。东林寺有一尊高达四十八米的阿弥陀佛像，号称世界最高。由此可见，东林寺是修习弥陀净土的。应该说，在大乘佛教的信仰中，阿弥陀佛和阿閦佛的地位是不分伯仲的。但如今前者香火日盛，后者门可罗雀。目前，中国境内修习阿閦佛净土的，可以说是寥寥无几。

阿閦佛佛身颜色为蓝色。其塑像一般为坐形，结跏趺坐，坐于青色象背负的莲花台上。偏袒右肩，左手执拳，执袈裟角；右手伸五指，手指指地置于右膝。

宝生佛 09

宝生佛，即宝生如来。密宗五方佛中的南方佛，代表毗卢遮那佛的第三智即“平等性智”，又译为南方福德聚宝生如来、宝相佛、宝幢佛等。宝生佛位于南方欢喜世界，可满足众生的一切愿望。

宝生佛佛身颜色为金黄色。其塑像端身正坐，结跏趺坐，安坐于莲台之上。左手为拳，右手开于外方，屈无名指与小指，中指与头指大指剑立，作与愿印。还有的典籍记道：左手执衣两角，右手仰掌，呈满愿印。所谓满愿印，即满足众生所求所愿所想。宝生佛靠什么来满足信众的满愿印呢？这就要说说他的摩尼宝。

摩尼宝，又作如意宝、无价珠宝，是指能变出珠宝的珠宝，类似摇钱树。摩尼宝还能除病、去苦，信众视其为消灾、祈福的象征。

10 不空成就佛

不空成就佛，即不空成就如来，代表毗卢遮那佛之“成所作智”。密教胎藏界称之为北方天鼓雷音佛。显教经典称之为天鼓音佛、雷音王佛等。不空成就佛在显教里名气不大，很少为人所单独膜拜与供奉，其意义主要表现在密教修法时的观想上。

这里先说说显教。显教是与密教相对应的佛教术语，密教是大乘佛教的一个派别，密教之前和之外的大乘、部派佛教和今日之上座佛教，统称为显教。

不空成就佛位于五方佛中的北方，佛身颜色为绿色，表示“事业”。它代表大日如来，成就一切如来事业及众生事业。依密教所传，修法者由于不空成就佛的加持，于诸佛事及有情事，皆能成就，而且能成办自他两利之行，而远离烦恼。

在密教图像里，不空成就佛的四方，通常都安置有四位菩萨。四位菩萨的方位与颜色是：前方金刚业菩萨，肉色；右方金刚护菩萨，青色；左方金刚牙菩萨，白黄色；后方金刚拳菩萨，青色。不空成就佛的宝座下面，是一只名叫桑桑的神鸟，它的形象很奇特：人身、鸟翼、头上长角。据说古时候外出寻宝的人，只要听到桑桑神鸟的叫声，就能达成所愿。

第二章 菩薩部

11 观音菩萨

观音菩萨是观世音菩萨的略称。观世音，为梵文意译，也译为“光世音”。唐太宗年间，因避李世民名讳故，去掉“世”字，略称观音。为什么叫观世音呢?《法华经》说：“苦恼众生，一心称名，菩萨即时观其音声，皆得解脱，以是名观世音。”这是说，陷入痛苦境界的芸芸众生，如果想要摆脱痛苦之地，就要一心一意地念颂菩萨的名字。这样，深知一切的菩萨，就会“观”到你的声音，就会将你解脱，使你脱离苦海，度你到极乐世界，去尽享荣华富贵。因此，这位菩萨就被叫作观世音。

观世音菩萨，是菩萨当中知名度最高的，无人不知，无人不晓。在中国，她的名气甚至超过了释迦牟尼佛。佛界有四观音、六观音、八观音、三十三观音之说。在四大观音菩萨中，观世音菩萨是首屈一指的。佛家把全世界划成四大部洲，称为东胜神洲，南瞻部洲，西牛贺洲，北俱芦洲。中国所在的南瞻部洲有四座名山，号称佛国。这四座山，就是安徽九华山，山西五台山，四川峨眉山，浙江普陀山。管领这四座山的，分别为地藏王菩萨、文殊菩萨、普贤菩萨、观音菩萨四位大士，即佛教四大菩萨。故九华礼地藏王，称为大愿；五台礼文殊，称为大行；峨眉礼普贤，称为大勇；普陀礼观音，称为大慈。四大菩萨中，最受景仰的就是观世音菩萨。一般信徒的脑海里，都深嵌着一尊观世音菩萨的法相。他们相信观世音菩萨既大慈大悲，又法力无边。

观世音菩萨到底是男是女？我们看到的观世音菩萨的法相，有的是男人打扮，有的是女士装束。其实，观世音的形象在佛教历史上有一个曲

吴昌硕绘观音菩萨

折的演变过程。最早的观世音不是人，而是动物。她最早的原形是一对神马驹。在古印度的婆罗门教中有一对活泼的孪生的小马驹，叫观世音。它们是一对善神，做了很多善事。佛教产生后，小马驹观世音被改造成马头观世音。后来这个马头观世音又发展成一个威猛男子的形象。

观世音传到中国，开始也是男子的形象。什么时候在中国出现了女性观世音造像的呢？对此，学者有两种说法。一种说法认为最早的女性观世音造像始于南北朝，盛行于唐朝。另一种说法则表示唐朝没有女性观世音造像。他们考据北宋官方编制的《宣和画谱》，发现唐宋名手写观音像很多，但没有饰妇人冠服的。北宋官方编纂的记载汉代至宋初野史的《太平广记》

有这样一则故事：一个官员的妻子为神所摄，昏迷不醒。于是，他画了一幅观世音像供奉。官员的妻子遂梦见一个神僧将她救醒。以此不难看出，唐以前观世音的塑像，并非女子形象，都是男身。

大约在宋代以后，观世音的形象就逐渐变成女士了。据清弘赞著《观音慈林集》载，宋人翟楫，五十岁仍无子嗣，便绘画观音像虔诚地祈祷，其妻果然怀孕。一日，翟楫梦见白衣妇人持银盘送来一个可爱的胖小子。他非常喜欢，起身欲抱，不承想，一头牛突然出来，挡住了他的去路，竟然抱不着。翟楫梦醒，不明所以，便虔诚祈祷。有人告诉翟楫说，你爱吃牛肉，牛当然挡你的路了。他恍然大悟，于是发誓全家不再吃牛肉。不久，翟楫又梦见那个白衣妇人送胖小子。几个月后，其妻果然生下一个男孩子。这个故事里的观世音，就是女性。

说过性别，再说说观世音菩萨为什么不是佛。其实，观世音菩萨很早就已经成佛了。据北魏昙无谶译《悲华经》记载，西方极乐世界教主阿弥陀佛涅槃之后，观世音就成佛了，名为“遍出一切光明功德山如来”。据唐伽梵达摩译《千手千眼观音菩萨广大圆满无碍大悲心陀罗尼经》记道，观世音菩萨以不可思议强大之神力，在过去无量劫中，已经成佛，号“正法明如来”。为了安乐众生，现身做了菩萨。还有的佛教经典记载，观世音菩萨是阿弥陀佛的左胁侍，是西方三圣之一。西方三圣即阿弥陀佛、观音菩萨、大势至菩萨。

有三个日期对所有观音菩萨的信徒来说是最重要的日子，即观音菩萨的诞辰日（农历二月十九日）、成道日（农历六月十九日）、出家日（农历九月十九日）。中华民国大总统黎元洪，因其生日恰在农历九月十九日，亦被称为“黎菩萨”。

12 文殊菩萨

文殊菩萨的全称是文殊师利菩萨、曼殊室利菩萨。文殊师利是梵文的音译，略称文殊，意译为妙首、妙德，是中国佛教四大菩萨之一，更是无上智慧的代表。

文殊菩萨的来历，其说法不一。有的经书说，文殊菩萨过去成佛，名龙种上尊王佛；有的佛经说，文殊菩萨现在北方做佛，号欢喜藏摩尼宝积佛；有的经书说，文殊菩萨原来就是佛，名普见如来。

而《华严经》则详细地说，文殊菩萨是十方诸佛母，一切菩萨的老师。今为辅助释迦牟尼佛教化众生，于公元前六世纪，显身出生于印度舍卫国多罗聚落一婆罗门家。父名梵德，从母右胁生。身紫金色，出生即能言，具三十二相，八十种好，与佛同等。这是说，文殊菩萨是十方诸佛的母亲，是一切菩萨的老师，可见文殊菩萨的地位有多么重要了。

文殊菩萨，身紫金色，形如童子，五髻冠其顶。左手持青莲花，右手执宝剑，常骑狮子出入。既年轻，又威猛。文殊坐骑狮子，表示智慧威猛；右手持宝剑，表示智慧犀利。

文殊菩萨是释迦牟尼佛的左胁侍，专门管理智慧，表"大智"。与专门管理行德，表"大行"的释迦牟尼佛的右胁侍普贤菩萨是一对，并列在佛的左右两旁。

文殊菩萨的道场在山西五台山。五台山又名清凉山，是《华严经》指定的文殊菩萨道场。唐实叉难陀译《华严经》云："东北方有处名清凉山，从昔以来，诸菩萨众于中止住。现有菩萨名文殊师利，与其眷属诸菩萨众一万人，俱常在其中而演说法。"这是说，文殊菩萨率领手下一万余人在清凉山即五台山讲法。

从唐朝开始，五台山就成为文殊菩萨的圣地。太原留守李渊于隋炀帝大业十三年（617）五月在太原起兵反抗隋朝，十一月攻克首都长安。唐高祖武德元年（618）四月，老谋深算的李渊废掉傀儡隋恭帝，自立为帝，是谓唐高祖。李渊饮水思源，认为自己之所以得到天下，是因为太原境内的五台山，视五台山为其龙兴之地。为此，李渊在五台山大修寺庙。唐朝五台山最兴盛时，有佛寺三百六十多座，僧尼超过万人。

五台山寺庙中的文殊菩萨造像，最著名的在台怀镇殊像寺。其像高9.3米，雕塑于五百年前的明朝弘治年间，是五台山第一大文殊菩萨像。

13 普贤菩萨

普贤菩萨像

普贤菩萨，传说是释迦牟尼佛的右胁侍，专管“理德”“行德”。理德，是说他具有延命之德；行德，是说他发过十种广大行愿，要为佛教弘法奉献。他的职责是将佛教推崇的“善”，普及到一切地方。因此，他的尊号是“大行普贤”。普贤菩萨在佛界的地位如何呢？《华严经》说他是诸佛之子，是释迦牟尼佛的得力助手。释迦牟尼佛，加上普贤菩萨与文殊菩萨，一佛二菩萨，共称华严三圣。

据说，普贤菩萨曾经化身为拾得大士，下界尘缘，教化众生。据史书记载，普贤菩萨的化身拾得大士与文殊菩萨的化身寒山子居住在国清寺。国清寺位于浙江省台州市天台县，是佛教天台宗的祖庭。后因阿弥陀佛化身的丰干禅师透露了他们的身份，两位菩萨不得已同时离开他们栖身的国清寺，后不知所终。

另有记载，说普贤菩萨化身为周七娘。文殊、普贤两位大士，一个是诸佛之母，一个是诸佛之子。祖孙二人，常在十方诸佛前，共做佛事。即使游戏人间，也常在一起。南宋淳熙年间，即1174—1190年间，文殊菩萨化身为兜率寺的戒阇黎，普贤菩萨亦同时化身为周氏女，排行第七，人皆称她周七娘。周七娘刚降生时，便出现种种神异。长大后又不肯嫁人，白天在大街上讨饭，晚间常宿于普济桥下。并经常与戒阇黎在一起，其行为古怪莫测。当时人不解，笑她为疯婆。后有圣者歌曰："戒师文殊，周婆普贤，随肩搭背，万世流传。"后人始知是菩萨应世。

中国四大名山之一的峨眉山，是普贤菩萨示现教化众生的道场。峨眉山在中国四川省峨眉县之西南，与嶍山相对，宛如两眉，故名峨眉山。《大方广佛华严经》说有一个光明山，山上住着普贤菩萨，他常常在这里给三千弟子说法。中国佛界人士便将峨眉山指认为光明山。峨眉山主峰万佛顶建有金顶寺，威镇全山，因山顶常放光明，又名光明寺。天气晴朗时，每至午夜，在金顶上看群山，有千百万点晶莹闪耀的光亮，从群山升起，象征一盏盏的明灯，忽上忽下，人称之为"万盏明灯朝普贤"，是峨眉胜景之一。

峨眉山现有七十多所寺庙，每座大寺庙里都供奉着普贤菩萨像，其中最有名的一尊建在万年寺无梁殿里。此殿为明代仿印度、缅甸寺庙造型而建，主殿长宽各16米，全殿无梁无柱，故称无梁殿。殿内供奉着高7.35米、重达62吨的铜铸骑象普贤像。普贤菩萨的坐骑是一头六牙白象，佛教称六牙白象是菩萨的化身。

14 地藏菩萨

地藏，地是土地、大地；藏是含藏、秘藏，以喻菩萨的功德。地能生、能育、能持、能载，能蕴藏珍宝，能为万物所依。一切珍宝，无不蕴藏于大地；一切种子，无不依赖于大地。这是用以比喻菩萨心如大地，能安住众生于菩提园，能摄持众生的菩提种子，能生长众生的菩提芽，能运载众生的菩提果。

地藏菩萨在中国的道场位于安徽省青阳县西南的九华山。九华山，原名九子山，因此山岩顶，很像九个小孩子在一起玩耍。唐代大诗人李白诗云："昔在九江上，遥望九华峰，天河挂绿水，秀出九芙蓉。"之后，便改名为九华山。九华山有九十九峰，其中十王峰最高，海拔一千二百四十余米。诸峰罗列，怪石峭壁，苍翠峥嵘。山中寺院百余座，其中最著名的是祇园寺、百岁宫、甘露寺、东岩寺等四大丛林。

据北宋赞宁著《宋高僧传》记载，唐代有新罗国（今朝鲜半岛）王子，名金乔觉，二十岁出家，法名地藏比丘。唐太宗贞观四年（630），金乔觉航海来中国学佛，至九华山，栖止山中。后有邑民诸葛节等上山，见其孤坐石室，以白土和米为食。敬其苦行，发心护法，为建寺院，令其安心办道。刺史张岩，奏知朝廷，改名为化城寺。

据说当年九华山地主之权，是当地富豪闵阁老所有。建寺时，曾请闵阁老送些土地。闵阁老乐善好施，且对地藏比丘非常崇信，问要多少，地藏答："只要一袈裟之地足够了。"闵阁老想一袈裟之地能有多少，于是慷慨答允。谁知地藏比丘撒开袈裟，竟盖尽九华山峰。闵阁老见地藏比丘有此神通，惊喜不已，便将九华山地全部送出，并发愿为地藏比丘护法，更命儿子随地藏菩萨出家。后新罗国很多人前来学佛，粮食不够时，煮饭常渗拌观音土（细白如粉之泥土），可见当时寺众生活的清苦。新罗国王闻知地藏比丘率众在九华山苦修，时遣人送粮食来供养。

地藏比丘在九华山住七十五年，至唐玄宗开元二十六年（738）七月三十日涅槃，享寿九十九岁。圆寂后，肉身坐于缸内，三年后开缸，颜面如生。后人为建肉身宝殿，又名肉身塔。清咸丰七年（1857），与化城寺同遭火灾，但肉身无损。清同治年间，重修之肉身宝殿，金碧辉煌，十分雄伟，终年灯光长明。这象征菩萨威德光明，恒照幽冥世界，救拔众生无明暗闭之苦。因当年的地藏比丘，就是地藏菩萨的化身，所以九华山成为地藏菩萨的应化道场，亦是中国四大名山之一。

佛界人士认为，如果有人出门旅行，或过山林，或渡河海，或经险道，若能在出门之前，先称念地藏菩萨圣号，满一万遍。则“所过土地，鬼神卫护，行住坐卧，永保安乐”。

15 大势至菩萨

大势至菩萨，是西方极乐世界阿弥陀佛的右胁侍者，又称得大势菩萨或大精进菩萨，简称势至。

据北魏昙无谶译《悲华经》卷二称，删提岚世界的无净念王有一千个儿子，长子名不眴，次子名尼摩。后来，无净念王成佛为阿弥陀佛，不眴太子为观世音菩萨，尼摩太子则成了大势至菩萨。佛教中的菩萨跟随佛学法修菩萨行，经过许多阶段之后，才可成佛。菩萨中经历所有的阶段达到最高位的菩萨，就是一生补处菩萨。只要结束菩萨生涯，在下一阶段的生涯中就定可成佛。若以三尊的形式表现佛陀时，必有一生补处菩萨随侍左右，且组合是一定的。阿弥陀佛其左右胁侍的就是观世音菩萨和大势至菩萨，三位合称“西方三圣”或“阿弥陀三尊”，这也是佛界的父子三人组。这里，观世音菩萨就是一生补处菩萨，只等阿弥陀佛一退位，观世音菩萨即补位成佛。而观世音菩萨再退位，大势至菩萨就是一生补处菩萨，就可以补位成佛了。这就引出个佛教术语——阿弥陀佛二十五菩萨。

阿弥陀佛主持西方极乐世界，其手下有二十五位“影护念佛行者”的菩萨，即观世音菩萨、大势至菩萨、药王菩萨、药上菩萨、普贤菩萨、法自在菩萨、狮子吼菩萨、陀罗尼菩萨、虚空藏菩萨、佛藏菩萨、地藏菩萨、金藏菩萨、金刚藏菩萨、山海慧菩萨、光明王菩萨、华严王菩萨、众宝王菩萨、月光王菩萨、日照王菩萨、三昧王菩萨、定自在菩萨、大自在菩萨、白象王菩萨、大威德菩萨、无边身菩萨，以上二十五位菩萨统称为阿弥陀佛二十五菩萨。

据佛教经典《观无量寿经》说：“以智慧力，拔三涂苦，得无上乐，故名大势至。”他“以智慧光普照一切，令离三涂，得无上力”，因此称为大势至菩萨。所谓“三涂(途)”，即指地狱、饿鬼、畜生三条不幸的路途。大势至菩萨用其智慧之光，能够使你脱离三涂，从而得到“无上乐”。他头顶宝瓶内存智慧光，让智慧之光普照世界一切众生，使众生解脱血火刀兵之灾，得无上之力。

关于大势至菩萨的形象，据佛教经典《观无量寿经》说，这位菩萨的身量大小与观世音菩萨相等，圆光四射的范围可达二千八百公里，即二百五十由旬。由旬是古印度计量单位，相当于一头公牛走一天的距离，约11.2公里。其全身光亮呈紫金色，由是照遍十方国土，让有缘众生亲眼得见。只要见其一毛孔所放之光，就等于见到十方无量诸佛的净妙光明，所以大势至菩萨也叫无量光菩萨。因为他一个毛孔的光，就与十方无量诸佛光明一样地广照无边。就像观世音菩萨以慈悲光遍照一切众生一样，此菩萨以智慧光遍照一切，具有使众生脱离三涂之苦的无上光明力量，所以大势至菩萨名号的意思，就是智慧的大势遍至十方。

大势至菩萨的道场位于江苏省南通市狼山。狼山是中国佛教八小名山之首，山上有广教寺，寺内有圆通宝殿，供奉大势至菩萨。需要说明的是，狼山是一山两供奉，除大势至菩萨外，它还供奉大圣菩萨于大圣殿内。

16 药王菩萨

药王菩萨，亦称净眼如来，是能够施放良药治除众生身心两种病苦的佛界之神。

据南北朝宋畺良耶舍译《佛说观药王药上二菩萨经》记载，药王菩萨与药上菩萨本是一对兄弟，一名星宿光，一名电光明。星宿光在过去是以各种雪山良药供养诸比丘众，发菩提心，作菩萨愿；电光明亦心生随喜，效学兄长，为众僧提供良药。因此，他们被大众誉为药王和药上。没有想到，他们的善举传到释迦牟尼佛那里。释迦牟尼佛向弥勒菩萨预言：“这位药王菩萨久修梵行，诸愿已满，将在未来世成佛，号净眼如来；药上菩萨也将在药王之后成佛，号净藏如来。”

还有一个关于药王菩萨的

传说。古印度国王名叫妙庄严与王后净德夫人生有二子，长子净眼，次子净藏。妙庄严国王“邪见炽盛，信外道法”，令净德夫人及其二子非常担心。二子对母亲净德夫人说：“我二人往昔学法，已是法王之子，可惜生在这个邪恶之家。我们愿与母亲一起将父亲引入正途。”于是，三人想尽种种办法，终于将妙庄严国王引到“华智佛所”住了下来。在佛所，一家四口共同聆听《法华经》，妙庄严国王终于走上正途。这里的长子净眼即药王菩萨，次子净藏是药上菩萨。药王菩萨和药上菩萨均为西方极乐世界阿弥陀佛护法，分别位列第三位和第四位。

药王菩萨还是药师佛手下八大菩萨之一。八大菩萨是：文殊菩萨、观音菩萨、大势至菩萨、无尽意菩萨、宝檀华菩萨、药王菩萨、药上菩萨、弥勒菩萨。药王菩萨位列第六。

西藏拉萨布达拉宫旁的药王山上供奉着巨大的药王菩萨石刻像。药王山，因其石壁上雕刻着数不清的佛像，亦称万佛墙。药王菩萨之形象，一般为顶戴宝冠，右手屈臂，置放胸前，而以拇指、中指、无名指执持药树。药王菩萨的诞辰日是农历四月二十八日。

17 虚空藏菩萨

虚空藏菩萨，汉译又作虚空孕、虚空库、虚空光等，与代表大地的地藏菩萨相辅相成。虚空藏菩萨在众多菩萨中专主智慧、功德和财富。因其智慧、功德、财富如虚空一样广阔无边，并能如愿满足世人的需求，使众生获得无穷利益，故有此名。

释迦牟尼佛对虚空藏菩萨极为推崇，认为他法力无边，

虚空藏菩萨像

“唯除如来余无及者”，即除了佛陀我之外，谁也不如虚空藏。释迦牟尼佛运用许多形象贴切的比喻，来形容虚空藏菩萨超常的能力。他说，这位菩萨的内在力量犹如浩瀚的大海，自我约束的能力犹如广袤的须弥山，忍受屈辱的意志犹如金刚杵，精进勇猛的作风犹如狂暴的疾风；智能的力量犹如绵延无尽的天空，天生的慧根犹如恒河的沙数；在诸位菩萨之中犹如一面辉煌的大旗帜，是走向圆寂之路的大导师；是善良的根本之地；是贫穷之人的吉祥源泉；是暗夜的一抹阳光；是迷途者的一弯亮月；是恐怖无告者的归依之所；是烦恼焦急者的甘露之水。

据后秦佛陀耶舍译《观虚空藏菩萨经》描述，虚空藏菩萨头顶如意珠，作紫金色。若见如意珠，即见天冠。此天冠中有三十五佛像现。如意珠有十方佛像现。菩萨身长二百二十四公里，即二十由旬，若现大身，与观世音等。常见形象为肉色身躯，头戴五佛冠，右手屈臂持宝剑，剑缘有光焰；左手置于腰侧，握拳持莲，莲上有如意宝珠；坐于宝莲花上。其所持之宝珠宝剑，代表福智二门。密号如意金刚。

虚空藏菩萨地位崇高，是佛教八大菩萨之一。据唐不空译《八大菩萨曼荼罗经》记载，八大菩萨依次为文殊菩萨、普贤菩萨、观音菩萨、弥勒菩萨、虚空藏菩萨、地藏菩萨、金刚手菩萨、除盖障菩萨。虚空藏菩萨列第五位。

密教名虚空藏菩萨为如意金刚、库藏金刚。他是胎藏界坛城虚空藏院之本尊，金刚界坛城贤劫十六尊之一。胎藏界和金刚界是构成密教宇宙观的两大世界。

胎藏界奉《大日经》，与金刚界共为唐密之主体，其兴起于中国，传入日本后，以真言宗为代表。其界有五佛：大日如来、宝幢如来、开敷华王如来、无量寿如来、天鼓雷音如来。金刚界奉《金刚顶经》，亦兴于中国，传入日本后，形成东密和台密。其界有五方佛信仰，即中央毗卢遮那佛、东方阿閦佛、西方阿弥陀佛、南方宝生佛、北方不空成就佛。

据《虚空藏菩萨经》介绍，虚空藏菩萨法力无边，信徒造像或供养，人间的灾患均可化解。即“水不能溺，火不能烧，刀不能伤，毒不能中，人及非人无能为害，亦无囹圄、盗贼、怨家、诸恶、疾病、饥渴之苦”。唐朝年间，虚空藏信仰从中国传到日本，日本僧侣修习此法增进记忆力，一时间从者如云。

18 维摩诘菩萨

维摩诘，梵语，意译为净名、无垢尘，意思是以洁净、没有染污而著称的人。维摩诘菩萨，亦称维摩诘居士、维摩居士。居士是指在家修行的人，而维摩诘菩萨就是这样的居士。他没有出家，却修成正果，是居士中的典范。

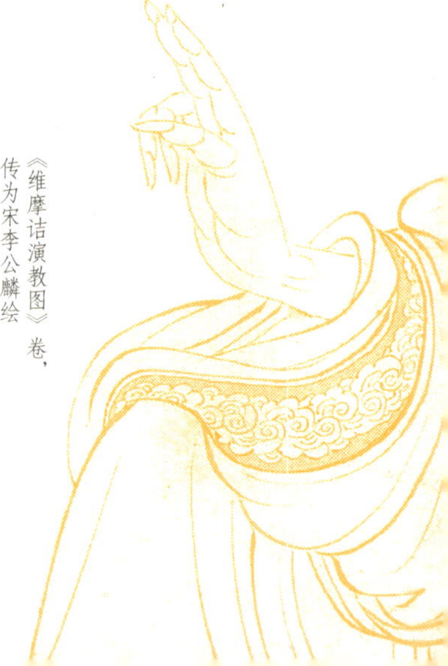

《维摩诘演教图》卷，传为宋李公麟绘

据佛教记载，维摩诘菩萨乃金粟如来的化身，他来到婆娑世界，是为帮助释迦牟尼佛弘法。而他和佛祖的关系也不一般。佛经记载，在过去世第三十一劫毗舍浮如来时，维摩诘和释迦牟尼曾是兄弟。

在中国，有关维摩诘的传说故事流布甚广，特别是南北朝（420—589）和隋唐（581—907）时期，维摩诘的形象，在士大夫中间更是深入人心，影响极大。在佛教的文学艺术作品中，维摩诘的故事是永恒的话题。

维摩诘的家乡在古印度著名的大城市毗舍离。他以经商为生，衣食无忧，且妻贤貌美，儿女双全。维摩诘颇具辩才，妻子无垢夫人、儿善思、女月上皆具慧根。一家四口，平日以佛法自娱。佛经中描述维摩诘“虽处居家，不着三界；示有妻子，常修梵行”，这种不可思议的宿世妙缘，是佛化家庭的最早典范，维摩诘则堪称是佛陀时代第一居士。最令后人津津乐道的是维摩诘与文殊菩萨的一次辩论。

有一次，维摩诘佯装有病，不肯出门赴佛祖释迦牟尼之会。佛祖知道维摩诘只是诈病，所以派去了被誉为智慧第一的文殊菩萨前去探病。文殊与维摩诘会面后，两位菩萨互斗机锋，反复论说佛法，义理深奥，妙语连珠，陪同探病的菩萨、罗汉们都听得如醉如痴。一场论战后，文殊菩萨对维摩诘的深邃精到的思想和充满机锋的辩才倍加推崇，维摩诘菩萨亦声名鹊起，前来向其讨教的菩萨和罗汉络绎不绝。

有菩萨曾问维摩诘：“你既是一位大菩萨，却又拖家带眷，怎会自在呢？”维摩诘回答：“我母为智慧，我父度众生，我妻是从修行中得到的法喜。女儿代表慈悲心，儿子代表善心。我有家，但以佛性为屋舍。我的弟子就是一切众生，我的朋友是各种不同的修行法门，就连在我周围献艺的美女，也是四种摄化众生的方便。”正因如此，维摩诘即便有妻有子过世俗生活，他也能无垢相称，自得解脱。

现藏故宫博物院的北宋李公麟所绘《维摩演教图》，是有关维摩诘题材的一幅名画。此画惟妙惟肖地表现了文殊菩萨探病问疾和维摩菩萨宣讲教义的情景。

19 十二圆觉菩萨

十二圆觉菩萨是菩萨合称。佛教中的菩萨不可胜数，其中一些著名的菩萨组合十分突出，他们有四大菩萨（文殊、普贤、观音、地藏）、八大菩萨（文殊、普贤、观音、弥勒、虚空藏、地藏、金刚手、除盖障）、十二圆觉菩萨、二十五圆通菩萨等。

十二圆觉是佛教密宗崇奉的著名菩萨组合，“圆觉”意为“圆满的灵觉”也就是“修行觉悟圆满无缺”。他们具体由哪些菩萨组成呢？大乘佛教典籍《圆觉经》（唐佛陀多罗译）记载了他们的名字：文殊菩萨、普贤菩萨、普眼菩萨、金刚藏菩萨、弥勒菩萨、清净慧菩萨、威德自在菩萨、辨音菩萨、净诸业障菩萨、普觉菩萨、圆觉菩萨、贤善首菩萨。

十二圆觉菩萨中的每一位，情况各异。佛教的菩萨完全是佛教人士虚构的，因此其身世履历就多少不等，虚实不一。前五位，其身世履历相对于后几位就稍微厚实一些。第一位文殊菩萨，前已介绍。第二位普贤菩萨，也作了介绍。第三位普眼菩萨，即是观音菩萨的异名。佛经说，其慈眼能够普观一切众生，谓之“普眼”。

第四位金刚藏菩萨，也有些来历。据说是贤劫十六尊佛之一。他有时现愤怒身，持金刚杵以降伏恶魔，又称金刚藏王。

第五位弥勒菩萨也有介绍。

后七位菩萨履历不详，只具有象征意义。第六位清净慧菩萨，象征脱离烦恼，六根清净，从而获得般若智慧；第七位威德自在菩萨，寓意有大威力足以降伏恶魔，有大慈德可以救助众生；第八位辨音菩萨，擅长以音声传播佛法，教化众生；第九位净诸业障菩萨，能除掉种种阻碍解脱的恶因恶果；第十位普觉菩萨，看透了生死苦乐，请佛指出修行之路；第十一位圆觉菩萨，努力使自己觉行圆满，即能成就佛道；第十二位贤善首菩萨，按照佛的指示修行，既贤且善，成为上首菩萨，离成佛已近在咫尺。

总之，可以理解为，十二圆觉菩萨是人们追求成佛的十二个目标。以十二圆觉菩萨为学习的榜样，迟早有一天信徒也能成就圆觉，成为佛陀。

十二圆觉菩萨造像今天存在尚多。重庆市石刻之乡大足区有一处流传甚久的十二圆觉造像，即大佛湾圆觉洞。洞窟内主像为三身佛，位于正壁中部。三身佛的两侧壁前，各刻有六尊菩萨。这些造像为宋代（960—1279）作品，造型考究，想象丰富，雕工传神，保护完好。整个圆觉洞就是一件大型的石雕艺术宝库。洞中的十二位菩萨即十二圆觉，这窟“圆觉道场”，是佛经故事的形象化、通俗化和立体化。

最为精绝的十二圆觉造像，当属山西长子县法兴寺的彩塑。法兴寺中圆觉殿为宋徽宗政和元年（1111）原构，殿内塑像众多，艺术水平驰名国内。正中为释迦牟尼佛和文殊、普贤二菩萨，两旁各有六尊圆觉像。他们或裸露上身，或披衣半襟，面庞圆润，高髻秀发，庄重优美，神态俊逸，是难得的佛教艺术精品。其中一尊塑像，菩萨左臂拄膝，神态恬然，令人颇感亲切，被誉为“东方维纳斯”。

山西省长治市长子县法兴寺十二圆觉之『东方维纳斯』菩萨塑像

第三章

观音部

觀音部
觀音
如意輪卒下
有三畫

20 圣观音

圣观音菩萨是东密六观音之一，主救度饿鬼道众生。东密六观音即千手观音、圣观音、马头观音、十一面观音、准胝观音、如意轮观音。东密是指日本真言宗，其道场在东寺，故名东密。

由于东密传自中国，其六观音与汉传佛教天台宗的六观音是相对应的。后者的六观音依次为大悲观音、大慈观音、狮子无畏观音、大光普照观音、天人丈夫观音、大梵深远观音。东密的圣观音就是天台宗的大慈观音。

据天台宗经典《摩诃止观》记载，大慈观音（圣观音）主破饿鬼道三障。六道轮回分别指天道、人间道、修罗道、畜生道、饿鬼道、地狱道。饿鬼道是六道轮回之第五道。饿鬼是指生活在人间但人们无法看到的鬼道众生，他们主要分无财、少财和多财三类，多数饿鬼生活贫困且又贪婪多欲。饿鬼道三障即内障、外障、饮食障。圣观音主破的就是这三障，因饿鬼道饥渴，故用大慈。

四川省资阳市安岳石窟毗卢洞紫竹观音像

民间称圣观音或大慈观音为“正观音”。顾名思义，此观音被认为是观世音菩萨的本身相。民间供奉的圣观音法相大多为女相，身着白色天衣，其面相颇类似中国古代仕女的造型。四川安岳石窟有一尊圣观音造像，像高三米，因背倚紫竹，亦称紫竹观音。其法相美丽而庄严，堪称历代民间圣观音造像之代表。

21 千手千眼观音

千手千眼观音又名千眼千臂观世音，简称千手观音。东密六观音之一。与东密相对应，千手千眼观音即天台宗的大悲观音。

据唐伽梵达摩译《千手千眼观世音菩萨广大圆满无碍大悲心陀罗尼经》记载，观世音在过去“无量亿劫”即极为遥远的过去，就发誓要利益安乐一切众生，于是长出千手千眼。千手表示遍护众生，千眼表示遍观众生。据说，供养千手千眼观音，能够得到她的庇护，免除灾难。千手表示大慈悲的无量广大；千眼寓意智慧的圆满无碍。

千手千眼观音的造像有两种。一种是四十二手眼，一种是千手千眼。四十二手眼的造像，是两手两眼下，左右各具二十手二十眼，手中各有一眼，共四十二手四十二眼。再各配所谓二十五“有”，而成千手千眼。二十五有是佛教概念。“有”是存在的意思。二

普宁寺千手观音像

十五有是指佛教三界中二十五种有情存在环境。其中，欲界十四有，色界七有，无色界四有。

另一种千手千眼的造像是：面有三眼，臂有千手，于千手掌各有一眼。头戴宝冠，冠有化佛。其正大手有十八臂，先以二手当心合掌；余下十六手各持金刚杵、三戟叉、梵荚、宝印、锡杖等法器；其余九百八十二手，皆执各色宝物。

中国最大的木雕千手千眼

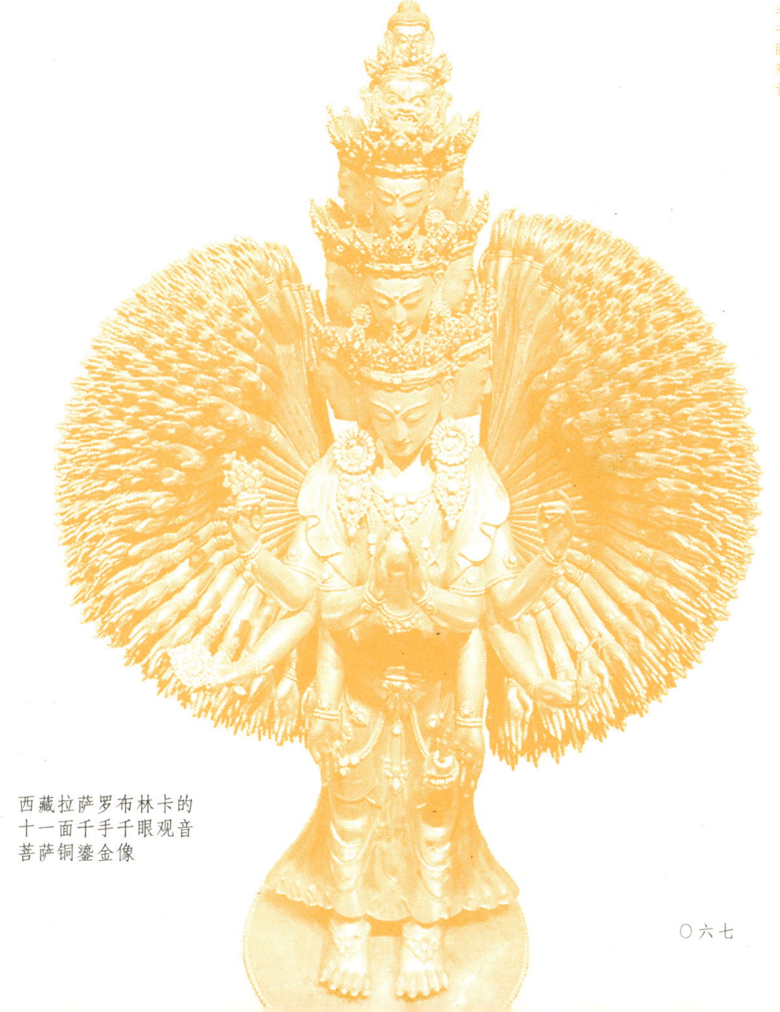

西藏拉萨罗布林卡的十一面千手千眼观音菩萨铜鎏金像

观音是在承德外八庙的普宁寺。普宁寺建于清乾隆二十年（1755），是清代乾隆皇帝在承德修建的第一座寺庙，规模宏大，体系完整。

普宁寺在承德外八庙中有着十分重要的地位。清代蒙古族宗教领袖章嘉呼图克图和哲布尊丹巴呼图克图，每逢来承德避暑山庄觐见乾隆皇帝后，都要到普宁寺为喇嘛讲经。六世班禅不远万里从西藏来到承德为乾隆皇帝祝寿，就首先下榻于普宁寺。

清代，普宁寺是承德外八庙的宗教活动中心。如今，寺庙的主体建筑及殿堂陈设均为清代原始构造。其中，主体建筑大乘之阁内主供的千手千眼观世音菩萨，更是中国古代雕像艺术的瑰宝。这尊观世音菩萨像高27.21米，是目前世界上最高大的木结构佛像，已被列入吉尼斯世界纪录。大佛内部构造为正中一根粗大的中心柱，总高约24米，直径66厘米，由三根圆木墩接而成，是大佛的主干，穿通各层隔板，直达头部。柱根埋须弥座下3.63米。

1961年，普宁寺被国务院列为首批国家重点文物保护单位。1965年僧人重新进驻寺庙，恢复宗教活动，普宁寺成为我国北方最大的藏传佛教活动场所。

22 十一面观音

十一面观音，东密六观音之一。天台宗的大光普照观音与东密的十一面菩萨相对应。唐朝，中国佛教对十一面观音的信仰达到鼎盛，后逐渐势衰。不过，日本至今仍保持着对十一面观音的膜拜。据说，他会给众生带来除病、灭罪、增福之现世利益。他能够为众生除恶导善，引导众生踏入佛道，完成正果。

十一面观音的塑像，须用白旃檀木作原料。前三面慈相，见善众生现慈心，大慈与乐；左三面嗔面，见恶众生而生悲心，大悲救苦；右三面白牙外露，见净业者发稀有赞，劝进佛道；后一面露大笑面，见善恶杂秽众生而生怪笑，令改恶向道；顶上佛面，对习行大乘机者而说诸法，使他们终于得以皈依佛道。

观音十一个头面有多种象征意义。

其一，佛教认为以左右十面表示因位十地，最上一面表无上正等正觉，以便使一切众生转明为十一品，得十一地佛果。所谓十地，即欢喜地、离垢地、发光地、焰慧地、难胜地、观前地、远行地、不动地、善慧地、法云地。无上正等正觉代表佛教修行的最高觉悟和最高境界。正等正觉是佛的另一称号。

其二，藏传佛教认为，罗刹鬼有十个脑袋，狂妄自大，目中无人，观音变成十一个头，针锋相对，将其降服。罗刹和阿修罗是佛教世界中的两大魔怪。罗刹专门骚扰人间；阿修罗则总给神佛捣乱。

其三，佛经中说，持诵此《十一面观音神咒》，现世可得十种果报，或如《念诵仪轨经》说可得十种胜利。这十种果报是：

一、离诸疾病；

二、一切如来摄受；

三、任运获得金银财宝诸谷麦等；

四、一切怨敌不能沮坏；

五、国王王子在于王宫先言慰问；

六、不被毒药蛊毒，寒热等病皆不着身；

七、一切刀杖所不能害；

八、水不能溺；

九、火不能烧；

十、不非命中夭。

其四，佛经中还说可得临终见佛、不堕地狱、不非命终、得生极乐世界等四种功德。

十一面观音的形象是在本来的观音像上再加十个面相，合为十一面。其上十面，有人认为是佛教所说的“十方”的具体化。十方即上天、下地、东、西、南、北、生门、死位、过去、未来。还有一种说法，认为是在观音菩萨本面之上再加上十一面，合为十二面，但亦称为十一面观音。

23 不空羂索观音

“羂（juàn）索”，是指捕获鸟兽的猎具。“不空羂索”是指此羂索捕获猎物不落空。意指此菩萨的慈悲之心如“不空羂索”，能够度脱一切众生，而不使一个遗漏，使他们脱离苦海，到达涅槃彼岸，获取新的人生。

不空羂索观音，亦称不空羂索菩萨、不空广大明王观音、不空悉地王观音。是观世音菩萨的化身。

据唐代佛经记载，观音菩萨在过去九十一劫的最后一劫，从世间自在王如来受“不空羂索心王母陀罗尼真言”，称若有人在不空羂索菩萨前烧香供养，念诵此陀罗尼真言，将会得到种种功德和利益。

不空羂索观音塑像形象不一。有的首戴化佛宝冠，一面四臂，面目温润。左右手上执莲花瓶，把数珠，下手施无畏印；有的为一面三目，执莲花、三叉戟，把羂索，施无畏印。披鹿皮衣结跏趺坐，璎珞珠钏庄严诸天衣；有的身有三面十八臂、三面六臂、一面四臂等。今传世诸像以三面六臂为多。敦煌壁绢画中也有不少作品，而日本所传多以一面十八臂为标准。日本真言宗创始人空海大师的《秘藏记》所记之三面四臂不空羂索像，身着鹿皮裙，正面肉色，左右面青色，面各有三目，左边二手分别持羂索和莲花，右边二手分别持澡瓶和作说法相。

不空羂索观音尽管形象不一，但其一个基本特征是必有一手持羂索。

24 马头观音

马头观音，东密六观音之一。因其以马置于头，故有此名。亦称马头观世音菩萨、马头菩萨、马头大士、马头明王等，为观世音的自性身。之所以叫马头明王，是因为其形貌愤怒威猛，可以震慑妖魔鬼怪。天台宗的狮子无畏观音与东密的马头观音相对应。

这个观音很重要。马头观音即马头明王是印度教和佛教共同供奉的神。佛教认为他是阿弥陀佛或大悲观音的化身；印度教则奉其为毗湿奴的智慧化身。印度教有三相神即梵天、湿婆、毗湿奴。梵天创造天地；湿婆毁灭万物；毗湿奴主管“维护”。

观音菩萨形象多变，但其容貌皆温柔慈悲，给人以亲切感。唯独马头观音容貌特殊，面目凶恶。唐一行撰《大日经疏》卷五：“作极愤怒之状，此是莲花部愤怒持明王也。”密教胎藏界有莲华部，部内有观音院、地藏院等，马头观音即为此部部主，部母是白衣观音。

马头观音是六道轮回之畜生道主。据佛经介绍，马头观音可以降服罗刹、鬼神、天龙八部之一切魔障。他手持各种兵器，作预备厮杀状，随时准备同各色妖魔决一死战。马头观音头有三面，横眉立目，三目怒睁，獠牙凌厉，怒发冲冠，上顶马头。这样凶狠威严的形象，就是为了面对并摧伏妖魔鬼怪。

马头观音的造型是多种多样的。有一面二臂、一面四臂、三面二臂、三面四臂、三面八臂、四面二臂、四面八臂等。

马头观音像

25 如意轮观音

如意轮观音，又称如意轮观世音菩萨、如意轮菩萨、如意轮王菩萨，誓愿破“天道”三障，即烦恼障、业障、报障。他一手持如意宝珠，表示满足众生的祈愿；一手持金轮宝珠，表示法轮常转。因此，密教名其为持宝金刚。此观音乃东密六观音之一，与天台宗的大梵深远观音相对应。

如意轮观音多为坐像，从二臂到十二臂形态多变，以六臂最为常见。唐金刚智译《观自在如意轮菩萨瑜伽》记道：“手持如意宝，六臂身金色。”六手姿态各异，各有寓意：

右方的手救拔的是地狱道，饿鬼道，畜生道。右方第一手为誓愿救拔地狱道之手；第二手托如意宝珠置于胸前，为誓愿实现一切愿望，救拔饿鬼道之手；第三手持数珠而倚膝，为誓愿救拔畜生道之手。

左方的手救拔的是阿修罗道，人间界，天界。左方第一手置于莲华瓣上，有的按在一座山形物即“光明山”上，为誓愿救拔阿修罗道之手；第二手持莲花，为誓愿救拔人间界之手；第三手捧法轮于眉前，为誓愿救拔天界之手。

以上显示了如意轮观音救助六道众生之大愿。

26 准胝观音

准胝观音，东密六观音之一。“准胝（zhī）”，又常作“准提”，意为清净，意思是心性洁净。准胝观音，亦称准提观音、尊提观音等。她无微不至地守护众生，可以说是七十七（即无数的意思）俱胝佛所共同加持的化身，是中国佛教徒心目中的慈悲菩萨形象，常为女性形象。此观音在汉传佛教天台宗，被称为天人丈夫观音。

准胝观音亦是七俱胝诸佛菩萨之母，有莲花部诸尊之母的称号。在准提坛城，准提佛母居中，八方有八大菩萨围护。此八大菩萨即观自在菩萨、弥勒菩萨、虚空藏菩萨、普贤菩萨、金刚手菩萨、文殊菩萨、除盖障菩萨、地藏菩萨，他们都是准提佛母的晚辈。

据说，此观音经常来到世间做好事。能摧毁危害众生的惑业，能使众生消灾延寿，并能使众生消除罪障。如果诵念准胝观音的陀罗尼真言，还能克敌制胜，使夫妻和睦，互相恩爱，还能使人得子，治愈诸病等。因其神通广大，得到受众的广泛信仰。

准胝观音的形象，以三目十八臂的为多。三目分别是佛眼、法眼、慧眼，是救惑、业、苦的三慈眼；十八臂亦各有义理，其中央双手即是用来破除“人道”贪、嗔、痴三障的。

辽代准胝观音铜镜

准胝观音安坐于出水莲花之上，下有两位龙王支撑。显示其增德进福，能消除一切苦难，使众生延年益寿。还能止小儿夜啼，很受妇女欢迎。

准胝观音过去在民间受到广泛崇拜，如今，中国各地仍有不少准胝庵或准提庵。

27 数珠手观音

数珠手观音又称数珠观音，是中国的民间艺术家依据佛教密宗经典创作的观世音菩萨像之一。数珠又作念珠。在佛教中，数珠本来是在诵念佛的名号，或持诵经咒时用以计数之器具。数珠的颗数，有一百零八颗，也有五十四颗等多种。据佛教说，掐珠念佛，能消除魔障，增长功德。密宗的修行特别注意数珠的功用，由此产生数珠手观音，并成为佛教徒经常供奉的菩萨。

重庆市大足区大足石刻北山造像中的数珠手观音，非常精彩。此数珠手观音为宋代造像，高1.08米，赤脚立于莲花之上，活脱脱是一位古典美人。她身材苗条，腰肢袅娜，风情万种，含情脉脉；她眼神纯净，唇角温润，温暖的春风似在轻拂她身上华贵的披肩；她动中有静，风韵迷人，世人不约而同地称其为“媚态观音”。

28 水月观音

水月观音，亦称水月光观音，三十三观音之一。三十三观音是大乘佛教对观音应化的三十三种形象的称呼。他们是：

01. 杨柳观音；

02. 龙头观音；
03. 持经观音；
04. 圆光观音；
05. 游戏观音；
06. 白衣观音；
07. 卧莲观音；
08. 泷见观音；
09. 施药观音；
10. 鱼篮观音；
11. 德王观音；
12. 水月观音；
13. 一叶观音；
14. 青颈观音；
15. 威德观音；
16. 延命观音；
17. 众宝观音；
18. 岩户观音；
19. 能净观音；
20. 阿耨观音；
21. 阿摩提观音；
22. 叶衣观音；
23. 琉璃观音；
24. 多罗观音；
25. 蛤蜊观音；
26. 六时观音；
27. 普慈观音；
28. 马郎妇观音；
29. 合掌观音；
30. 一如观音；
31. 不二观音；
32. 持莲观音；
33. 洒水观音。

史载，公元958年，地方官翟奉达为了已逝的妻子马氏，举办为期十天的法会。他并委托一位书法家，在三个卷轴上抄写了十部经书作为纪念，其中有部经名为《佛说水月光观音菩萨经》。经文的主要内容，包括六种祈求与十大愿望。这六种祈求的内容是，希望消除刀山、火汤、地狱众生、饿鬼、阿修罗与畜生难等危难，或祈求观音的保佑。从中可见，水月观音的法力是被众生信服的。

其实，水月观音是千手观音的异称。因为在敦煌艺术中，这两尊观音形象之间有着密切的关联。最早的水月观音像是在敦煌发现的，它现藏于巴黎吉美博物馆。由画面上可见，在千手观音像下方右侧的题记中，可以辨识出这尊菩萨是“水月观音菩萨”。这个发现，足以证明水月观音就是千手观音。该水月观音为男性形象，他右手持杨柳枝，左手持净瓶，以“如意坐”的姿势悠闲地坐在水中的一块岩石上，水中长满莲花。他的左脚踏在其中一朵莲花上。在他的背后有片茂密的竹林，这景象使人想到观音就在他神圣的岛屿家乡普陀山。

水月观音的形象有多种。其一是站立在莲瓣上，莲瓣则漂浮在海面，观世音正在观看水中之月；其二是以莲花坐姿趺坐在大海中的石山上，右手持未敷莲花，左手作施无畏印，且掌中有水流出；其三又有坐相、三面六臂相等种。总之，其形象都与水与月有关。

其所以命名为水月观音的缘由，也有不同的说法。有说是因为其形象作观看水中之月状，也有说是由于其形象浮在海上，犹如水中之月云云。

大足石刻北山造像中的水月观音，十分特别。其造型为坐式，她身体微侧，一臂支撑于座上，另一臂搭于屈起的膝上，正悠然地观看水中之月。她犹如一位悠闲地在水边赏月的妙龄女郎。

29 马郎妇观音

马郎妇观音是流行于中国民间的三十三观音之一。

据南宋释志磐撰《佛祖统纪》记载，唐宪宗（806—821年）年间，观世音菩萨化现为马郎之妇在陕西一带出现，以度化当地众生。相传某日，在宁静的村庄，出现了一位卖鱼姑娘。手里挽着一个鱼篮，篮里放着几条活鱼，沿街叫卖。其秀丽的容貌和甜美的声音，吸引来一大群人，纷纷争相买鱼。可是，姑娘却说：“鱼是卖给人放生用的，不是买来吃的。”大家听了，哄然大笑。

天长日久，村子里单身青年，对姑娘起了爱慕之心，纷纷向她提亲。姑娘说：“我只有一个人，如何能嫁给你们这么多人呢？不如这样吧，我教你们诵《普门品》，有谁能一夜之间把它背熟，我就嫁给他。”于是，大家兴高采烈地跟着她念。到了天亮，能背诵的，居然有二十余人。姑娘说：“一女只能配一夫，所以，今天我改教大家诵《金刚经》。同样地，有谁能在一夜间背熟的，我就嫁给他。”结果能背诵的，仍然有十数人。于是，姑娘又教众人诵《法华经》，约定三日之内，若有人能背熟的，一定嫁给他。三日期限到了，只有一位名叫“马郎”的年轻人能背诵。于是，马郎满心欢喜，张灯结彩地把姑娘迎娶入门。马郎正在欣喜之际，不料刚娶进门的娇妻，突然死了。伤心的马郎只好把爱妻埋葬了。

过了数日，一位身着紫色袈裟的老和尚，来到马郎的家，告诉伤心的马郎说：“你不要悲伤了，那位卖鱼的姑娘，其实是观世音菩萨，特别化现来此度化你们的。若不相信，可撬开坟墓看看。”说完，老和尚就凌空而去。马郎听完，心中半信半疑，马上找人撬开棺，但见棺内爱妻的尸体早已不知去向，只留下一副闪亮的金锁。马郎这才恍然大悟。

由于以上的典故，陕西一带的人民都非常笃信佛法，而且自宋代以后，供奉马郎观音尤为盛行。又因其手提鱼篮，故世人又称其为“鱼篮观音”“提篮观音”。

30 杨枝观音

杨枝观音，亦称杨柳观音，三十三观音之一，也是中国民间供奉较多的观音，其画像和塑像随处可见。杨枝观音是以手执杨柳枝为其特征的观音像。

关于杨枝观音的起源，主要有三说。

其一，认为杨枝观音起源于西域。据唐义净著《南海寄归内法传》记载，西域习俗，每日以杨枝细条剔齿，熟嚼枝头以净牙，称齿木。当地有这样的礼节，向贵客赠齿木及净水，以表示祝人健康，及恳请之意。所以请佛菩萨，也用杨枝、净水。由此慢慢发展，逐步成为观音菩萨手中的法器。

其二，古代印度人认为杨枝可以消灾除病。有的佛经在讲到千手观音的四十二个大手臂中的一个手执杨枝时说，身患种种疾病者，应手执杨柳枝诵念真言。以此认为，杨枝观音的出现或许与此有关。

其三，认为杨柳枝具有旺盛的生命力。这是以杨柳喻佛法的内在原因。

民间流行的杨枝观音像，一般作手持净瓶、杨枝的女性形象。浙江普陀山现存明代杨枝观音碑，系根据唐代阎立本所绘像镌刻。杨枝禅院地处清凉岗下，紧临法雨寺。普陀山“三宝”之一杨枝观音碑珍藏于此。杨枝观音碑系省级重点保护文物。碑高2.5米，宽1.2米。观音菩萨珠冠锦袍，璎珞飘披，右手执杨枝，左手托净瓶，袒胸跣足，端庄慈祥。上刻有“普陀佛像，摹自阎公，一时妙墨，百代钦崇”等字句。《步辇图》作者唐初著名人物画家阎立本传世之作甚少，至于佛像，仅此一幅，此碑也是根据碑拓本所刻。数百年来，寺院几经兴废，此碑仍能保存至今，足见其珍，被誉为普陀山“镇山之宝”。

杨枝观音碑纸本

31 白衣观音

白衣观音，又名大白衣、白处观音、白住处观音，三十三观音之一。因其身穿白衣，得名“白衣”；因其又住在白莲之中，得名“白处”。白衣显示圣洁、纯净的菩提之心。佛教认为，明佚名所绘的《图画观世音菩萨普门品》中描绘的观世音菩萨三十三身，以白衣观音的形象，最使人肃然起敬。

据南宋潜说友著《咸淳临安志》记载：“晋天福四年，得奇木刻观音大士像。钱忠懿王梦白衣人求治其居，王感悟，即其地建天竺看经院。白衣本毗天陀女，而俗人名为白衣观音。”这位托梦于居士钱忠懿的观音菩萨，便是身着白衣。北宋洪皓著《松漠纪闻》中，也谈到观音菩萨常身白衣，并说长白山是白衣观音的居处。佛教信徒认为，观世音菩萨及其衣饰、住处都是洁白无瑕的。

佛教认为，观音菩萨是阿弥陀佛的胁侍，能够协助阿弥陀佛善男信女往生西方极乐世界。据说观音为完成这项神圣使命，必是身穿白衣。白衣观音在民间被认为可以消灾延命、保护家人平安，妇人求儿、安产、育儿等也都可求拜白衣观音。

据《观世音现身种种愿除一切陀罗尼》记载，供养此观世音菩萨，应该用白净的细布画观世音像，身着白衣，坐莲花座上，一手持莲花，一手托净瓶。

由于佛教徒对白衣观音的尊崇和敬仰，人们塑造了大量的白衣观音像，民间还用丝线在织物上刺绣出观世音像。唐代的刺绣工艺高度发达，并广泛应用于绣佛像和佛经。北宋释智圆著《白乐天集》记有绣佛三事：一幅绣阿弥陀佛，金身螺髻，玉毫绀目；一幅绣救苦观音菩萨，长五尺二寸，宽一尺八寸，白衣飘忽，神采奕奕；还有一幅也是绣阿弥陀佛，技艺更加娴熟，臻于化境。武则天当权时，曾下令制作织成锦及刺绣的佛像、观音菩萨像四百余幅，分送各个寺院及邻国。可见当时信众对佛和观音菩萨，以及白衣观音是何等崇拜。

白衣观音也是许多画家与石窟艺术家的创作题材。白衣观音像均为二臂像，但手持的法器或印契有种种不同。有的左手持花，右手作与愿印；有的左手持棒或羂索，右手持般若经箧；有的左手持开敷莲花，右手扬掌；有的左手持宝剑，右手持柳枝；也有双手捧钵，站立于莲台之上的。

32 善财

善财，中国民间又称善财童子，是佛教菩萨名。据佛经记载，孟加拉湾沿岸有一座福城，福城里住着一位耄耋长者，晚年得了一个爱子。这个孩子出生之时，家里忽然冒出了各种各样的稀世珍宝。福城长者请了一位算命先生给孩子算命，算命先生说："恭喜长者！这婴儿的福德大，为你带来了财宝，应该取名善财。"善财生来聪明伶俐，深得长者的喜爱，但唯有一事令长者担忧，就是善财并不爱财，一心想做一个追求真理的人。

他在求学期间，游历到大塔庙，参访了他景仰的文殊菩萨。文殊菩萨教导他："你要学习普贤行，最基本的方法，就是参访善知识。"善财面有难色地说："圣者！我不知道哪里有真正的善知识可以参访，我无能力分辨善恶。"文殊菩萨点头说："善财！对于善知识，应该是集中心力在他的德行、特长，去效法他的优点，而不要去评断、挑剔他的缺失、弱点，这就是参访的第一要义。”

于是，善财开始参访佛教真谛的历程。首先，善财来到南方的胜乐国妙峰山上，参访德云比丘。善财接受了德云比丘的教诲，感怀在心。接着，他又踏入社会，陆续拜访了菩萨、比丘、比丘尼、优婆塞、优婆夷、童子、童女、天神、天女、婆罗门、长者、商人、医师、船师、国王、仙人、佛母、王妃、地神、树神等各种不同身份的名人名师。这些名人名师，又叫善知识。善财历尽了千辛万苦，共游历了一百十一个城市，参访了五十三位善知识，所以称为著名的“善财五十三参”。在《华严经·入法界品》里，详细叙述了“善财五十三参”的具体过程。最后，善财在文殊菩萨的引荐下，进一步地得到普贤菩萨的教诲，终于实现了成佛的愿望。

在佛教寺院中，观音菩萨的左右侍立着童男童女各一，童男就是善财童子。这是取材于善财童子历访名师的过程中，参谒观音菩萨而接受教化一事。因此，自古以来，善财童子就是佛子求法的典范。

民间不甚了解善财童子的求取佛教真谛的本意，普遍认为善财童子善于理财，是可以招财进宝的招财童子。供奉他的目的是祈望招财进宝、发财致富，也是可以理解的。

33 龙女

龙女，是娑竭罗龙王的女儿。娑竭罗，梵语意为“海”。佛教《妙法莲华经》记载共有八位龙王。他们是：第一，欢喜龙王（难陀龙王）；第二，贤喜龙王（跋难陀龙王）；第三，海龙王（娑竭罗龙王）；第四，九头龙王（和修吉龙王）；第五，多舌龙王（德叉伽龙王）；第六，无热恼龙王（阿那婆达多龙王）；第七，大力龙王（摩那斯龙王）；第八，青莲龙王（优婆罗龙王)。

其中娑竭罗龙王是最有名的。而他之所以出名,完全是靠他的女儿——龙女。龙女聪明伶俐,八岁时偶听文殊菩萨在龙宫说《法华经》,深入禅定,豁然觉悟,通达佛法,发菩提心,遂去灵鹫山礼拜佛陀,以龙身得成正道。八岁的少女,只听了一场佛经的讲座,居然瞬间成佛,真是令人难以置信。这是一个十分神奇的故事。

对这个神奇的故事,智积菩萨和舍利弗尊者表示怀疑。智积菩萨是谁呢?有两种说法。一说为阿閦佛;一说为东晋高僧。舍利弗尊者则是号称“智慧第一”的佛祖十大弟子之一。据《妙法莲华经》记载,一天,智积菩萨、舍利弗尊者与文殊菩萨研究女人能否成佛之事。文殊菩萨提到龙女能在八岁时成就佛法,于刹那间,发菩提心,即成正果。对文殊菩萨的说法,智积菩萨极为怀疑。但是,正当智积菩萨对此大惑不解之时,远在天边的龙女突显法力,瞬间出现在他们的面前,并向智积菩萨稽首作揖,令其十分惊奇。站在旁边的舍利弗尊者对龙女说:“你这么快能证得佛法,真的难以置信,为什么呢?女人身体本就污秽,是根本没有资格成佛的。”

见舍利弗尊者不相信自己,龙女做出了一个惊人的举动。她立刻拿出一颗价值三千大世界(佛典之宇宙观中佛所教化之领域)的宝珠,献给舍利弗尊者。舍利弗尊者迟疑间接了宝珠,但不明其意。龙女立即发问:“佛陀您接宝珠快不快?”舍利弗尊者回答说:“快极了。”龙女斩钉截铁般地说道:“成佛也是这么快。”

说完龙女马上当众变成男子,坐在莲花宝座之上,飞往南方无垢世界成佛说法去了。这个瞬间变成男相的举动,再一次证明龙女确实已经得道成佛了。

龙女瞬间成佛的传说,是

大乘佛教顿悟成佛的一个典型事例。这无形中证明了大乘佛教的法力无边，此事在信众中拥有广泛的影响。龙女成佛后，为了方便教化众生，便在观世音菩萨身旁做了胁侍。民间将善财与龙女放在一起，成为胁侍观音菩萨身边的童男童女。在佛教艺术作品中，他们就作为一对菩萨组合同时出现了。

第四章 诸天部

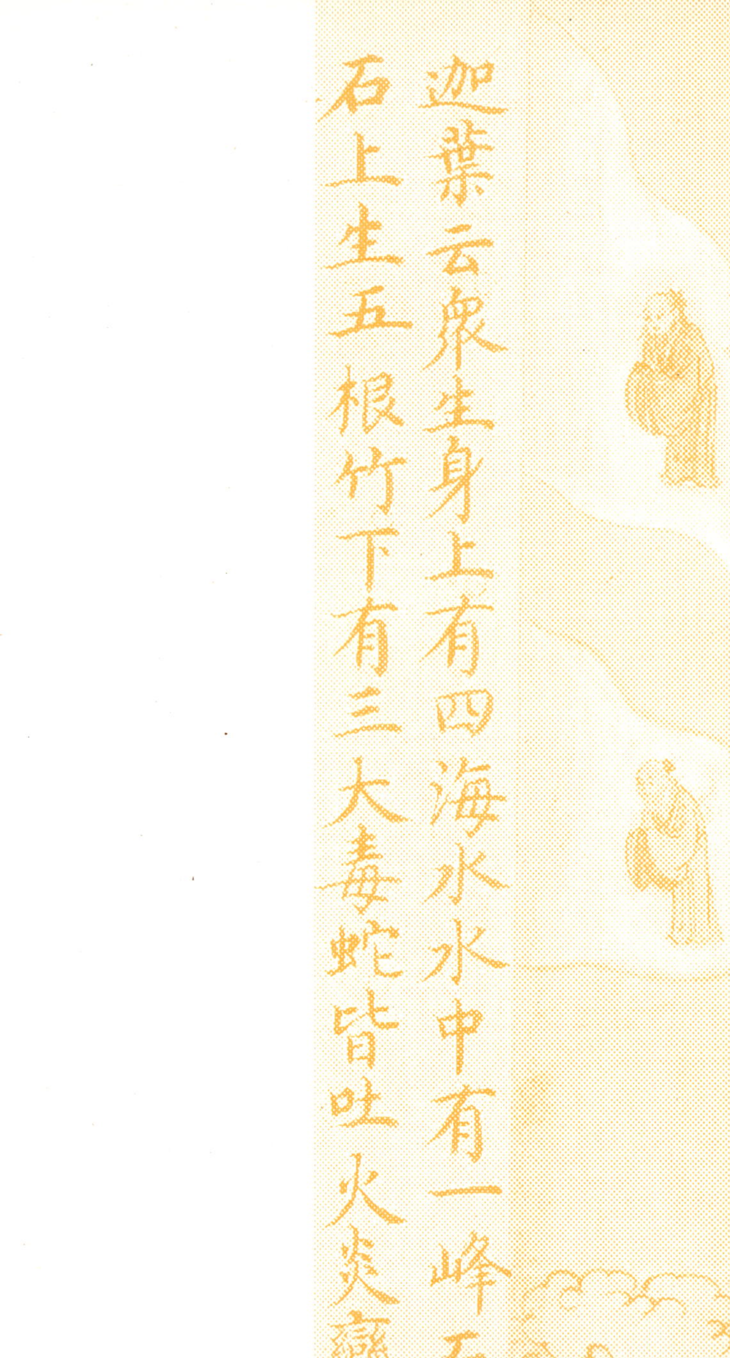

迦葉云衆生身上有四海水水中有一峰石
石上生五根竹下有三大毒蛇皆吐火炎變

34 二十诸天

二十诸天是护持佛教的二十位天神。他们具体是：一大梵天王、二帝释尊天、三多闻天王、四持国天王、五增长天王、六广目天王、七密迹金刚、八大自在天、九散脂大将、十大辩才天、十一大功德天、十二韦驮天神、十三坚牢地神、十四菩提树神、十五鬼子母神、十六摩利支天、十七日宫天子、十八月宫天子、十九娑竭龙王、二十阎摩罗王。

这二十位天神出自北魏昙无谶译著《金光明经·鬼神品第十八》。到了明代，又增了四位天神，则成了“二十四天”，即二十一紧那罗王、二十二紫微大帝、二十三东岳大帝、二十四雷神天尊。后三位是道教神明，这显示了明代以后佛道二教相互借用与融合的趋向，而前一位紧那罗王是天龙八部之一。

此外，佛教的天还有“天界”的含义。佛教以为天是有情众生最妙、最善，也是最快乐的去处。只有修习十善道者才能投生天部。所谓十善道即“十善”，它们是：一不杀生；二不偷盗；三不邪淫；四不妄言；五不绮语；六不两舌；七不恶口；八不悭贪；九不嗔恚；十不邪见。但“天”虽然处于诸有情界中最高最优越的地位，能获种种享受，但仍未跳出轮回，一旦前业享尽，便会重新堕入轮回之中。

佛教究竟有多少“天”呢？佛教把六道中的天道分为欲界、色界、无色界三种，统称三界。这三界分别含有数量不等的“天”：其中欲界有六层天，包括四天王天、忉利天、须夜摩天、兜率天、化乐天和他化自在天；色界有十八层天（一说十七天，或二十三天的），主要有大梵天、遍净天、无想天、大自在天等；无色界有四层天，分别为空无边处天、识无边处天、无所有处天、非想非非想处天。

35 四大天王

四大天王俗称四大金刚，他们是佛教世界武装力量的四个统帅。在解释四大天王之前，笔者要说说他们的住所——须弥山。

须弥是梵文，意为“妙高”“妙光”“安明”等。须弥山是印度神话中的山名，后为佛教所采用。相传，它是一座硕大无朋的金山，是宇宙的中心。传说山高九十四万零八百公里，即八万四千由旬。佛教六欲天的第一重天称“四天王天”，离人世最近，为四大天王及其随从的住所。四大王天就在著名的须弥山山腰。山腰上另有一山，名犍陀罗山。此山又有四个山峰，称须弥四宝山。东边的山峰叫黄金埵，南边的山峰叫琉璃埵，西边的山峰叫白银埵，北边的山峰叫水晶埵。清黄伯禄辑《集说诠真》记载：“四宝所成，东面黄金，西面白银，南面琉璃，北面玛瑙（水晶）。天王各居一山。”四大天王分别居住一个山头，各保护一方世界。也就是佛教所说的四大部洲，即东胜神洲，南瞻部洲（中国在此洲），西牛贺洲，北俱卢洲。每一天王各保护一洲。所以，又称“护世四天王”。他们是：东方持国天王，名多罗吒。“持国”意为慈悲为怀，保护众生，护持国土，故名持国天王。住须弥山黄金埵。身白色，穿甲胄。是主乐神，手持琵琶，表明他要用音乐使众生皈依佛教。他负责守护东胜神洲。是二十诸天中的第四天王。

南方增长天王，名毗琉璃。“增长”意为能传令众生，增长善根，护持佛法，故名增长天王。住须弥山琉璃埵。身青色，穿甲胄，右手持宝幡，左手按神鼠，保护佛法，不受侵犯，他负责守护南瞻部洲。是二十诸天中的第五天王。

天王像

西方广目天王，名毗留博叉。“广目”意为能以净天眼随时观察世界，护持人民，故名广目天王。住须弥山白银埵。身红色，穿甲胄。为群龙领袖，故手缠一赤龙（也有的作赤索）。如看到有人不信奉佛教，即用索捉来，使其皈依佛教。他负责守护西牛贺洲。是二十诸天中的第六天王。

北方多闻天王，名毗沙门。“多闻”是以福德知名而闻于四方。住须弥山水晶埵。身白色，穿甲胄。右手持宝塔，用以制服魔众，护持人民财富。又名施财天，是古印度的财神，他曾帮助唐明皇击退番兵的围困，轰动一时。李隆基为感恩，特命“诸道州府城西北及营寨并设其相”供养。是二十诸天中的第三天王，亦是四大天王的领袖。

四大天王在寺庙中的塑像姿态不一，神情各异。以魔家四将魔礼青、魔礼红、魔礼海、魔礼寿为四大天王的造像，极富中国特色。他们四人各执剑、琵琶、伞和蛇，以象征风调雨顺、吉祥如意。

明许仲琳著《封神演义》述姜子牙奉太上元始之命，敕封魔家四兄弟道：“今特敕封尔为四大天王之职，辅弼西方教典，立地水火风之相，护国安民。掌风调雨顺之权。永修厥职，毋忝新纶。增长天王魔礼青掌青光宝剑一口，职风；广目天王魔礼红掌碧玉琵琶一面，职调；多闻天王魔礼海掌管混元珍珠伞，职雨；持国天王魔礼寿掌紫金龙花狐貂，职顺。”其中广目与持国二天王的法宝与通行说法正好相反。

清翟灏著《通俗篇》称，四大金刚各执一物，俗谓“风调雨顺”四字。执剑者，风也；执琵琶者，调也；执伞者，雨也；执龙者，顺也。风调雨顺，则又暗示着“五谷丰登”“天下太平”。金刚怒目式的佛教护法天神，却被汉化为天下太平的守卫者。中华民族改恶从善的功夫是惊人的。

36 大梵天王

大梵天王是二十诸天第一位。梵天是梵文，意思是“清净”“离欲”。梵天原是婆罗门教和印度教的创造神，与毗湿奴、湿婆（大自在天）合为三大主神。据古印度婆罗门教的《摩奴法典》和古印度史诗《摩诃婆罗多》等所载，宇宙出自漂流于混沌中的梵卵。梵天本是梵卵中的金胎，漂流一年后，以意念力把卵壳破为两半，一半为天，一半为地，天地间出现了气体空间；以后是水、火、土、气、以太五要素；再以后是众神、星辰、时间、高山、平原、河流；继而出现了人、语言、情欲、愤怒、欢乐、忏悔；最后梵天自身也一分为二，一半为男，一半为女。他还创造了一切生物和妖魔，同时控制一切秩序。

据古代印度神话传说，梵天口中生婆罗门，两臂生刹帝利，两腿生吠舍，两脚跟生首陀罗，于是形成四种姓制。四种姓制是古代印度最重要的社会制度之一，是壁垒森严的等级制度。婆罗门为祭司贵族，掌握神权，占卜祸福，垄断文化和报道农时季节，在社会中地位是最高的；刹帝利为军事贵族，包括国王以下的各级官吏，比如武士，他们掌握国家的除神权之外的一切权力；吠舍为普通劳动者，包括农民、手工业者和商人，他们须向国家缴纳赋税；首陀罗是奴隶，受到压迫和剥削最深。种姓之间界限森严，互相不能通婚交往，甚至不能共食并坐。

梵天被佛教吸收为护法神后，是释迦牟尼佛的右胁侍，手持白拂尘。他又是色界初禅天之主，称“大梵天王”。大梵天王造像有二臂像和四臂像。前者为一面双臂，手持莲花、拂尘。也有三面双臂像。四臂像则有四面，每面各有三目，手持莲花、澡瓶、拂尘等，还有一手作施无畏印，又称“四面佛”，在泰国、中国香港、中国台湾地区广受膜拜。大梵天王形象被汉化后，多为中年帝王形象，手持莲花。在汉族宗教绘画水陆画中，大梵天王是典型的雍容华贵的中土帝王模样，身后有辅臣簇拥。

37 帝释尊天

帝释尊天是二十诸天第二位。帝释尊天，亦称“天帝释”“帝释天”，与大梵天王同为佛教之护法主神，是佛教“二十诸天”中的第二位天王，即忉利天的领袖。

帝释尊天镇护东方，居于须弥山顶之忉利天，其城称善见城。忉利天又称三十三天，因其四方各有八天，加上中央的帝释尊天，合为三十三天。

帝释尊天曾率诸天神以牛头旃檀树为佛陀及诸罗汉建造重阁讲堂，并奉献床榻卧具及各种饮食供养佛及弟子。帝释尊天常常和诸天在他的居所须弥山善见城相聚，商讨天下善恶诸事。

帝释尊天在印度教中是雷神因陀罗，他的夫人是舍脂。因陀罗被友邻王打败，失去了雷神之位，四处躲避，非常可怜。友邻王贪恋舍脂美貌，欲与其同房，成为夫妻。舍脂在一株莲花茎里找到了躲藏的因陀罗，俩人便将计就计，准备借此打垮友邻王。舍脂向友邻王提出，要请七位仙人抬着大轿来迎娶她。友邻王想都没想便同意了。在迎亲的路上，友邻王非常着急，催促七位仙人快走。不想竟然踢中了一位仙人。这位仙人恼羞成怒，发出咒语，将友邻王变成一条大蛇，要一万年才能超生。因陀罗因此又重新做回了雷神。

帝释尊天在佛教中是护法

神，他的主要职责是保护佛陀、佛法和出家人。如佛陀在树下修道时，恶魔进攻扰其禅思，帝释尊天即吹响贝螺，保护佛陀；佛陀涅槃时，帝释尊天又显身，念诵颂诗；他还保护佛陀的舍利。有关帝释尊天的佛传故事常常出现在佛教艺术作品当中，其中帝释尊天往往手持宝盖，与大梵天王随侍在释迦牟尼佛的左右。

民间还认为，帝释尊天是印度神话中的最高天神，他的统治地位大体相当于中国民间诸神中的“老天爷”玉皇大帝。因此，在中国民间，帝释尊天与玉皇大帝的生日同为正月初九日。传说他统治一切，既是战神，又是雷神。其形象按照唐一行著《大日经疏》所说，乃头戴宝冠，身披璎珞，手持杖杵。他身骑六牙白象，有诸天及众眷属围绕，声势煊赫，气派盛大。在中国，其形象酷似中国古代帝王模样。更有甚者，帝释尊天往往被描绘成中国古代后妃的形象。

38 密迹金刚

密迹金刚是二十诸天第七位。密迹金刚，又称金刚密迹，因其常伴佛祖左右，耳闻秘密紧要之事，熟知佛祖踪迹，故有是称。他是手握金刚杵给佛祖担任警戒的夜叉神的总头目，其直接主管是佛教四大天王的首领北方多闻天王。

金刚是金中最刚之意，用以形容其牢固、锐利，能摧毁一切。金刚本来是印度教神话中的粗棒、狼牙棒，是众神之王因陀罗（帝释尊天）的武器。

金刚杵，佛教法器名。原为古印度的一种兵器，佛教密宗用作表示坚利之智、断烦恼、伏恶魔的法器。用金、银、铜、铁或硬木制成，长八指到十二指、十六指、二十指不等，中间有把手，两端有独股、三股、五股、九股等刃头，尖利异常，顽硬无比。

传说密迹金刚的出身不凡，乃法意太子。法意太子感到生活平淡无味，发誓要皈依佛门，当个金刚力士，以便有机会亲近佛。后来，他果然如愿以偿，当上了密迹金刚。西晋竺法护译《密迹金刚力士会》记载了密迹金刚在佛祖身边的收获和心得，即如来身口心三秘密真实之法："目连欲穷佛声边际，过西方九十九恒河沙佛土终不能得，其音常近不远。应持菩萨过上方百亿恒河沙佛土，欲见佛顶相亦不能见。"此后，密迹金刚一直在为佛祖护法，直到佛祖圆寂。

秦朝年间翻译的《密迹金刚力士哀恋经》记述了佛祖圆寂时，密迹金刚的痛苦，他说："如来舍我入于寂灭，我从今日无归无依无覆无护，衰恼灾患一旦顿集，忧愁毒箭深入我心。"

说完，他"愁火转炽，五内抽割，心膂闷绝，譬如岩崩颠堕于地"。过了好一会儿，密迹金刚醒了过来，悟到心中悲痛乃是死魔在与他作对，才令他说了这些不该说的话。于是，他发誓"自今以后永离哀颜"。

密迹金刚与那罗延天被称为仁王，即执金刚神，守卫佛寺山门。执金刚神是佛教护法神，他们是欲界的夜叉和罗刹，外形凶恶，手执金刚杵，发愿为佛祖护法。佛教传入中国后，经过汉化，民间俗称密迹金刚和那罗延天为哼哈二将。

39 大自在天

大自在天是二十诸天第八位，即为湿婆。湿婆，是婆罗门教和印度教的主神之一，即毁灭之神、苦行之神、舞蹈之神。他与创造神梵天、保护神毗

湿奴，并称为婆罗门教和印度教三大主神。

在佛教两大史诗《梵书》《奥义书》及古印度文献《往世书》中，都有关于湿婆的神话。《往世书》里将其描写得活灵活现。神的创造有一个逻辑过程。首先，创造神梵天虽然位居三大神之首，但他并没有降伏妖魔和保护百姓的能力。于是，人们就相继创造了能降伏妖魔的湿婆神和能保护百姓的毗湿奴神。

据《往世书》记载，湿婆神具有超常的降魔能力。他额上有三只眼，其第三只眼的神火能烧毁一切，曾把妖魔的三座城烧成灰烬。他还具有极大的抗毒能力，相传他曾把从乳海中搅出的毒药吞咽下去，颈部都被烧青，但他仍然屹立如初，故有“青项”之誉。他是舞蹈之神，创造了刚柔两种舞蹈，被誉为“舞王”。他是苦行之神，终年在喜马拉雅雪山上吃苦修行，妻子是雪山神女，儿子是象头神塞建陀。

印度教认为，“毁灭”有“再生”的意思。因此，他们把表示生殖能力的男性生殖器“林伽”作为他的象征，受到信徒的崇拜。后来，他的教派信徒将其尊为最高的神，认为他除毁灭外，还有创造职能。有地、水、火、风、空、日、月、祭祀八种化身，因而与宇宙合一。湿婆成为佛教护法神后，称“大自在天”，住在色界之顶，是三千大千世界之主。

大自在天被引入佛教后，成为了护法神。在佛界，大自在天居住在净居天。净居天是色界最高处，有五重天，即无烦天、无热天、善现天、善见天、色究竟天。这里是证得了不还果的圣人居住之所，无外道杂处，所以称为净居。大自在天可以自由变化，大黑天就是他的化身之一。

大黑天是佛教的护法神，其信仰在云南地区颇盛。云南许多地方村寨至今奉大黑天为本主，但其缘起如今已成谜。大黑天信仰也发展到了北方。蒙古以大黑天为军神，奉其像打败南宋。元朝灭亡后，此像流传到皇太极手中，他在沈阳建实胜寺供奉大黑天像。这尊佛像就是玛哈噶喇金佛。不幸的是，此金佛在1946年被盗走，不知去向。大黑天的信仰也传到了日本。在那里，大黑天不再是护法，而是保护五谷

丰登的农业神和财富之神。

大自在天的形象为五个头，三只眼，四只手。手中分别持有三股叉、神螺、水罐、鼓等法器。他身着兽皮衣，浑身涂灰，头上有一弯新月作为装饰，颈上绕着一条蛇，坐骑是白公牛南迪。此外，还有二臂、四臂、三面四臂等多种形象。

40 散脂大将

散脂大将是二十诸天第九位。散脂是梵文的音译，又译作散脂修摩，意为“密神”。散脂大将，又名夜叉大将、药叉大将。散脂大将的原形是印度教财富之神俱吠罗。

在印度教中，俱吠罗是个侏儒。他皮肤白白，大腹便便。他还是个怪物，长着三条腿、八颗牙、一只眼。他喜欢佩戴珠宝，所骑坐骑是个人。他左手中掐着一只猫鼬，右手拿着石榴和钱袋子。在一些雕塑或绘画中，他手中拿的也许是珠宝，也许是权杖。在藏传佛教中，俱吠罗手中的猫鼬被视为其打败蛇神的象征，蛇神从前是守护宝藏的神。

据佛教故事说，散脂大将是四大天王中北方多闻天王的眷属，是多闻天王八大夜叉将

散脂大将在印度教的原形——俱吠罗

之一。著名的八大夜叉将为：宝贤大将、满贤大将、散脂大将、众听大将、应念大将、大满大将、无比大将、密严大将。佛教中的四大天王各有鬼帅神将二十八部众，散脂大将在二十八部众中地位最高，他管领二十八部众巡行世间，扬善惩恶。据说散脂大将本领不凡，还是观音菩萨的二十八部众护卫之一，称为散支大将弗罗婆。

佛经对散脂大将的身份有两种说法。一说其是鬼子母的丈夫。据唐义净译著《毗奈耶杂事》记载，半支迦（散脂）与鬼子母曾经指腹为婚，生有五百个儿子；一说其是鬼子母的儿子。据唐阿地瞿多译著《陀罗尼集经》说，鬼子母有三男，长子名唯奢文、次子名散脂大将、三子名摩尼跋陀。

散脂大将塑像多为威风凛凛的金刚武将模样。一些寺庙将他与密迹金刚塑在一起：密迹金刚白面善相，和蔼可亲；散脂大将金面怒相，气势汹汹。

41 大辩才天

大辩才天是二十诸天第十位。即妙音天女，亦译作辩才天女、美音天、妙音佛母及声音佛母等，是一位女性身相的智慧本尊。印度教称其为辩才天女。印度教神话她为主神梵天之妻（一说为女儿）。

在印度教中，辩才天女代表医疗、子嗣、财富、智慧、美貌、音乐，甚至被认为是梵文的发明人。她的形象一般为四臂年轻貌美的女郎，坐骑是孔雀或天鹅，双手弹维纳琴，其余两手并持经典和念珠。

据唐菩提流志译著《不空羂索神变真言经》记载："辩才天女，此等皆为女天也。聪明而有辩才，故曰辩才天，能发美音而歌咏，故名美音天、妙音天，为主智慧、福德之天神，若供养此天则可得福与智慧。"

意思是说，辩才天女是女天神。她极为聪明，且具辩才，因此称为辩才天。她的声音甜美温润，而且歌喉高亢迷人，所以称她为美音天、妙音天。她是主管智慧、福德的天神。如果信徒供养信奉这位女神，可以享受到高贵的福德与聪颖的智慧。

据唐义净译著《金光明最胜王经·大辩才天女品》云："现为阎罗之长姊，常着青色野蚕衣，好丑容仪俱有，眼目能令见者怖。"意思是说，她

藏传佛教中的辩才天女

是令人恐怖的阎罗王的大姐。她有一个嗜好，就是喜欢穿黑色的丝衣。她的不同凡响之处是，具有两副面孔。一个美若天仙，一个丑若八怪，以供不同场合运用。她的眼睛十分了得，能穿透人的内心，识别人的意图。

有的经书说道：“若人欲得最上智，应当一心持此法。增长福智诸功德，必定成就勿生疑；若求财者得多财，求名称者得名称，求出离者得解脱，必定成就勿生疑。”意思是说，只要修炼信奉此女神，要福有福，要财有财，要名有名，一定会满足你的愿望。

佛寺中的大辩才天造像常将之作女菩萨相。她一般拥有八臂，旁六臂分执轮、剑、弓、箭、斧、索等，中两臂合十，脚下有狮、虎、狐、豹等野兽。不过，山西省大同市善化寺内的大辩才天塑像仅有六臂，两臂在前，双掌合十，四臂在旁各持法物。一些佛寺中亦有二臂像，两臂作弹琵琶状。

42 大功德天

大功德天是二十诸天第十一位。又称为功德天女和大吉祥天女。

大功德天是婆罗门教、印度教的吉祥女神、幸福女神。佛教传说她父亲是德叉迦龙王，母亲是鬼子母神，毗沙门天王是其兄长。因毗沙门兼任婆罗门的财神，所以她也是财富女神。又称她功德圆满，并有大功德于众，故还是位大功德神。她长得十分漂亮，所以又是一位美丽女神。有的印度神话说她是在天神和阿修罗搅乳海时，坐于莲上手持莲花出世，所以又有“乳海之女”的名字。有的神话则把她说成是三大神之一“救世者”毗湿奴的夫人，还能变换形象伴随毗湿奴下凡。

这样一位印度教的女神是如何进入佛教的呢？传说，佛

吉祥天母像

祖禅定时，外道恶魔总是前来捣乱。有一次，佛祖作法，将这些外道阿修罗和罗刹降服，大功德天也在其中。她摄于佛祖威力，发誓为佛祖护法，就这样，她成了佛教的护法神。但她的儿子拒绝和她一起降服佛教，大功德天便将儿子杀死，并亲手剥了他的皮。如今，在藏传佛教的唐卡中，依然能看到一个面容极其恐怖的女神，骑着四眼骡子，手持儿子的头骨，座下压着儿子的骨骸。就这样，她进入了佛教，而且地位还非常高，尤其是在藏传佛教中。

藏传佛教称其为吉祥天母，藏语为“班达拉姆”，是女性的保护神，同时，也是拉萨城和达赖喇嘛的守护神。这是一位非常重要的天神。在西藏，每年藏历十月十五日都要庆祝吉祥天母节，即仙女节。每年这一天，拉萨大昭寺都要为护法王尊吉祥天女举行隆重的例行年祭。

在汉传佛教中，大功德天则是一位美丽的女神。据唐义净译著《毗沙门天王经》记载，她眼目修长，神情宁静，头戴天冠，臂饰宝钏，身披瓔珞，右手作施无畏印，左手执如意玉。据此，佛教信徒创作出美丽的大功德天塑像。其典型造像是举左手捻如意珠，右手作施无畏印。背后有七宝山，顶上现五色云，云上一六牙白象，象鼻绞动一玛瑙瓶，瓶中倾出宝物。常有一老年胡人装束的咒师紧跟在旁，手把长柄香炉，为其念咒，令宝瓶出宝。

43 韦驮天神

韦驮天神是二十诸天第十二位。又叫韦琨、韦驮天，全称护法韦驮尊天菩萨。韦驮天梵名作“私建陀提婆”，直译“阴天”。他是佛教中的护法天神，南方增长天王的八大神将之一，居四天王三十二神将之首。农历六月初三日，是韦驮菩萨圣诞日。

韦驮天神从何而来呢？传说，他是印度教湿婆与雪山神女的儿子室建陀。室建陀的出生还有一段故事。

恶魔阿修罗王向梵天许愿，希望百战百胜，天下无敌。梵天说："除了湿婆的儿子，你天下无敌。"恶魔阿修罗王听了非常高兴。因为此时湿婆的夫人已经死了，而湿婆也没有儿子。恶魔阿修罗王开始向其他天界进攻，无人能够抵挡。众神向梵天求助，梵天说："我已经给了阿修罗王祝福，只有湿婆的儿子能够打败他。"

雪山神女是湿婆夫人转世。雪山神女为了感动湿婆，加倍修行。湿婆被打动，经过一番考验后，湿婆与雪山神女结为夫妻。不久，两人生下室建陀。室建陀指挥帝释天尊的神仙队伍，将恶魔阿修罗王打败，天界重新恢复了平静。室建陀也因此成为天兵元帅。室建陀在汉传佛教中就是韦驮天神。

韦驮天神在中国寺庙中一般供奉于天王殿，面对着释迦牟尼佛像，威武雄壮地守卫着佛殿。传说佛祖涅槃时，有一捷疾鬼盗取佛牙一双，韦驮天神急忙追回取还，故此声名大噪，成为护法神将。其实，据唐慧立、彦悰著《大慈恩寺三藏法师传》记载，释迦牟尼欲涅槃时，曾命弟子韦驮天神保护南赡部洲传播佛法。

汉化了的韦驮天神造像，英俊威武，面目清秀，身披甲胄，手持金刚。是二十诸天中第十二天。很多寺庙里，满面欢笑的弥勒佛身后的隔板背面，都会有一个威风凛凛的韦驮天神。为什么这两个传奇的人物背靠背地同在一个天王殿里呢？传说弥勒佛和韦驮天神原来分别是两个庙的当家和尚。弥勒佛笑口常开，热情好客，他的庙里香火鼎盛。韦驮天神恰恰相反，一天到晚板着

韦驮天神像

脸，香客不敢进庙，因此他的庙冷冷清清。后来如来佛就让他俩共管庙宇，取长补短，将佛寺管理得井井有条。

中国佛教寺院中的韦驮天神形象，大多为身着甲胄的武将模样。体格魁伟，面貌俊朗，身佩刚杵，双手合十。山西省平遥县双林寺千佛殿造像之一的明代彩塑韦驮，高1.76米。此像全身盔甲，雕法极其精致，人体适度夸张，是现存的古代彩塑韦驮天神中最杰出的一尊。

44 坚牢地神

坚牢地神是二十诸天第十三位，又名用地神、坚牢地天、持地神。她的职责是保护大地及地上一切植物免受灾害。

坚牢地神亦称地天，是佛教十二天之一。

他们是：

第一天，梵天；

第二天，地天；

第三天，月天；

第四天，日天；

第五天，帝释天尊；

第六天，火天；

第七天，夜摩天（阎摩罗王）；

第八天，罗刹天；

第九天，水天；

第十天，风天；

第十一天，毗沙门天（北方多闻天王）；

第十二天，伊舍那天（大自在天）。

此神原为古代印度所崇仰的神祇，印度最古老的诗歌集《梨俱吠陀》赞叹其为具备伟大、坚固、养育群生、繁生土地等美德的女神。唐实叉难陀译《地藏菩萨本愿经》讲道："佛告坚牢地神：汝大神力，诸神少及。何以故？阎浮土地，悉蒙汝护。乃至草木沙石、稻麻竹苇、谷米宝贝，从地而有，皆因汝力。"佛祖赞美并授予坚牢地神保护世人居住的阎浮土地的权利。阎浮土地及地上的一切植物，都属于她的保护对象。如此看来，坚牢地神有些酷似中国民神后土娘娘，她们都是掌管人世间一切植物宝贝的。

坚牢地神是在唐朝时期传入中国的，那时此神是夫妇二人。形象为四臂男子，手持鲜花宝瓶、镰刀、斧头等宝物。据唐地婆诃罗译《方广大庄严经》记载，佛陀初成道，此地神为作证明，从地涌出，曲躬恭敬，捧着盛满香花之七宝瓶，供养世尊。这里是讲了一个故事，即佛祖释迦牟尼在初成佛时，必须得到其他神的亲自证明。此时，坚牢地神断然从地下涌出，她弯曲着身子，以恭敬的仪度，献上盛满香花的七宝瓶，来供养佛祖。这个破天荒的义举，使释迦牟尼得道成佛。从而，坚牢地神亦成为佛祖释迦牟尼的名副其实的护法神。

明清以降，坚牢地神造像为一女神形象，左手持盛满鲜花的圆钵或谷穗，所以又称为大地神女。

印度尼西亚国家博物馆珍藏的地天雕像

45 菩提树神

菩提树神是二十诸天第十四位，即守护菩提树的天神。因释迦牟尼在菩提树下成佛，菩提树因此成了佛教的圣树。在寺院中，菩提树神的造像一般为手持带叶树枝的中国古装妃子像。

菩提是何义？

佛教术语。菩提一词为古印度语，意思是觉悟、智慧，用以指人忽如睡醒，豁然开悟，突入彻悟途径，顿悟真理，达到超凡脱俗的境界等。其深层含义，是指断绝世间烦恼而成就涅槃之智慧。当然，由于菩提一词涉及对佛教根本义理的理解，佛教各个宗派在运用上不尽相同。

菩提树是何义？

菩提树，亦译“觉树”“道树”等，旧译“阿沛多罗树”“贝多树”等，指荜钵罗树，均有宽宏大量，大慈大悲，明辨善恶，觉悟真理之意。菩提树的拉丁语植物学名词，亦有神圣宗教之意。

佛门为什么崇拜菩提树呢？

很久以前，恒河岸边有一棵高约百丈、枝杈粗壮、叶片嫩绿、冬夏常青的毕钵罗树。

这种树为常绿乔木，叶子呈卵形，茎干黄白色，花隐于花托中，树籽可作念珠。此树夏能遮日，冬能挡风，阴能避雨。东来西往的行人常在树下歇息。释迦牟尼出家后，在毕钵罗树下的菩提金刚莲花宝座上苦修苦炼，终于得道成佛。此树便更名菩提树。

据唐玄奘口述《大唐西域记》记载，佛祖释迦牟尼成道后，在菩提树下踱步七日，恋恋不舍，不愿离去。异花随迹，放异光明。为报树恩，目不离树，痴痴瞻望。此情此景，感天动地。这时有五百青雀飞来，绕菩提树三匝而去，十分奇特。这也感动了佛教信徒。为此，信众们常常带着鲜花等物品来供养佛祖。佛祖常常外出说法，信众有时遇不上世尊，颇觉扫兴。后来阿难把这件事告诉佛陀，佛陀说：“礼拜菩提树吧，这和礼拜如来功德一样大，因为它帮助我圆正佛果。”因此，礼拜菩提树蔚然成风，流传至今。

这棵大树虽然不会说话，也不会走路，但有灵气如人的情意。每年如来佛涅槃日这天，树上的叶子就全部落了，枝条上还淅淅沥沥地掉着水珠，如泪水一般。各国的君子、各地的比丘从四面八方来到这里祭祀，成千上万的人在树下载歌载舞，献花上供，焚香叩首，诵经念卷，日夜不停。好多人用香水清洗树身，用乳汁浇灌树根。到了第二天，树叶又长出来了，更加鲜嫩碧绿。

据传，菩提树原产印度。南朝梁时僧人智药自天竺（印度）移植中国，多产广东、云南。中国莫高窟壁画中的菩提树随处可见，不计其数。最为高大的是第十七窟（藏经洞）北壁两棵，枝叶繁茂，郁郁葱葱，树身苍劲多节，藤蔓缠绕，形似当地常见的胡杨树。

菩提树神又是何义呢？

菩提树神是守护菩提树的女天神。相传，释迦牟尼佛在菩提树下打坐修道时，菩提树神便以树叶为释迦佛遮风挡雨，保护他安心修道。她被认为是佛教最早的护法神。在佛寺里，她的形象是两手拿一根树枝，打扮成年轻妇女的样子。

释迦牟尼成道处称为“菩提伽耶”，意为“证成正觉处”。菩提伽耶位于现在印度东北部比哈尔邦加雅城南十一公里处。现存的菩提树传说是原树的曾孙，树冠硕大，浓荫蔽日。树下尚存象征草座的石刻金刚座。传说佛成道后，向北、东、西，绕树而行，一步一莲花，计十八莲花。由于它是佛教圣树，东南亚佛教国家信徒常焚香散花，绕树礼拜，相沿成俗。

46 鬼子母神

鬼子母神是二十诸天第十五位，又称欢喜母或爱子母。鬼子母原为伊朗女妖魔，后传入印度。鬼子母原为一外道鬼女，以吃小儿为生，后来皈依佛教。关于她皈依佛教的故事，佛经中有许多不同的记载。

据唐义净译著《毗舍奈耶杂事》记载，传说古代王舍城有独觉佛出世，举行庆贺会，约五百信徒赴会。已怀孕牧牛女子也欢喜随行舞蹈，致胎儿流产，而信徒们皆无一施援手。故女子怀恨在心，发下毒誓：我欲来世生王舍城中，尽食人子。

后来果真如愿生王舍城为娑多药叉长女，后嫁给北方犍陀罗国药叉半遮罗之子半支迦，成为鬼子母，生有五百个孩子。从此，日日捕捉城中小儿食之。佛祖闻听赶去劝说无效，遂趁其外出之际，将她最宠爱的小儿子爱机，偷偷藏匿在自己吃饭的饭碗里。鬼子母回家发现丢失爱机，遍寻全宇宙不获，只好求助佛祖。佛祖劝道，你有五百个孩子，现在少了一个，尚且如此。世人只有一两个孩子，失去了亲爱的骨肉，心中不知有多么悲伤呢！佛祖劝其将心比心，并以因果报应进行说教，果然劝化鬼子母，令其顿悟前非，悔过自新，皈依佛教，成为护法诸天之一。元代杂剧《鬼子母揭钵记》即描写此事。后来，鬼子母成了妇女生育和儿童安全的保护神。

不过，有学者认为鬼子母转投佛教的故事，也许是当时的佛教徒为使伊朗人从拜火教和万灵论转移到佛教而故意编造的。

在中国民间将她当作送子娘娘供奉。在佛寺中，造像为汉族中年妇女，身边围绕着一群小孩，手抚或怀抱着一个小孩。据佛经记载，她是一个美丽的天女，身着宝衣，头戴天冠，腕佩螺钏，耳挂铃铛，身边伴以幼童。笑容可掬，亲切温婉。

47 摩利支天

摩利支天是二十诸天第十六位。摩利支天，意为“光明”，是佛教护法菩萨，为女性形象，亦是藏传佛教隐身和消灾的保护神。

摩利支天的原形来自印度教的光明女神伐拉希。她是印度教七女神玛特丽卡之一，是三神之一毗湿奴的野猪化身伐拉哈的配偶。正因如此，在印度教雕塑和绘画中，光明女神伐拉希都是母猪头人身。

摩利支天具有极大的威力，在上掌管三十六天罡星，在下掌管七十二地煞星，此外二十八宿皆为其所管（摩利支天菩萨统御所有的太岁星君）。

有盛赞摩利支天的“摩利支天咒”传世，曰：“有天名摩利支，有大神通自在之法。常行日前，日不见彼，彼能见日。无人能见，无人能知，无人能害，无人欺诳，无人能缚，无人能债其财物，无人能罚，不畏怨家，能得其便。”

摩利支天也被称为战神，有护身、隐身、得财、争论得胜等功德。由唐朝传入日本后，摩利支天被称为阳炎之女神。日本的武士相信摩利支天能够给他们带来战无不胜的武运。日本忍者由于经常进行密教修炼，也将摩利支天作为自己的守护神。修行隐身术的忍者都使用密教中的摩利支天咒和手印（摩利支天隐形印）。在我国西藏则称其为“光明天母”，具有广大自在神通，“以隐形法为其极致”。就是说摩利支天具备隐形自在的大神通力，能救芸芸众生于危难水火之中，连天界的众多神明也看不到她的身影，念其名号能速离灾厄，诵其咒语能够隐身免受诸难。

摩利支天的形象，有二臂像、六臂像和八臂像等多种。据唐不空译著《摩利支天经》记载，欲供奉摩利支天者，其

布鲁克林博物馆摩利支天塑像

造像应以金、银、铜或檀木等为原料。其像为天女形，长一寸、二寸或一肘均可。左手屈臂向上，持天扇。扇上绘有卐字符号。右手下垂，举掌向外。像两旁各有一随侍天女。摩利支天在佛寺的造像为天女形象，手执莲花，身着白衣，头顶宝塔，坐在金色的猪身上，周围还环绕着一群猪。

48 日宫天子

日宫天子是二十诸天第十七位。佛经中又称其为日天、宝光天子、宝日天子等。曾作为印度古代神话中的太阳神，后来毗湿奴取代了他成为太阳神，他被佛教吸收过来做了护法神。

日宫天子的原形是印度神话中的太阳神苏利耶。他是神二代，父亲是天父神特尤斯。太阳神苏利耶总是驾驶着七匹马拉的战车，冲锋陷阵。

作为太阳神的日宫天子主要有三大功能。其一，普照世界，驱除黑暗。他在嘹亮的歌声中，步出天门，巡行天地，泻阳光，照亮世界；其二，普施甘露，祛除病痛。太阳神在巡行过程中，发现人间的疾病，立即普洒甘露，治疗世人；其三，擎天立地，保证平安。他时刻关注人间的安危，保证人间的安全平静。

佛经称其为观世音菩萨的化身，居住在太阳之中。太阳中的宫殿日宫就是他的栖身之地。日宫规模其大无比，超出人们的想象。据说，日宫厚五百七十一公里，广五百七十一公里，周长一千七百一十六公里。

在中国佛寺中，他被塑成中年帝王像，手持莲花，冠上有一日轮，日轮中常有一乌鸦。

49 月宫天子

月宫天子是二十诸天第十八位，又叫月天子、月天、大白光神、野兔形神、宝吉祥等。

月宫天子住于月宫中。据佛经描述，此月宫是正方形建筑，长宽各五百四十八公里，共有七重垣墙，七宝所成。富丽堂皇，硕大无朋。殿中有一青琉璃做成的奇大无比的大辇，高达一百八十公里，宽九十公里。月宫天子与诸天女在此辇中，嬉戏玩耍，其乐融融。月宫天子据说是大势至菩萨的化身，故称为“宝吉祥”“宝吉祥天”。信奉月宫天子，目的是为取得护佑，铲除危难，升官发财。

又传说，有狐、兔、猿异类相悦，佛祖欲验证修菩萨行者的道行，降灵应化为一白发老者，让三兽为他觅食。三兽分路寻找，各显神通。狐狸找到河边，衔到一尾鲜鲤鱼；猿猴投入林中，采摘花果。它们将寻得的食物带回来，献给白发老者，只有兔子空手而归。兔子一激之下，就让狐、猿找来樵苏，樵苏即柴草。柴草点燃后，兔子竟毅然投身其中，以求为白发老者充此一餐。兔子这种为了他人的自我献身精神，感动了佛祖。佛祖于是恢复原形，让兔子灵魂升天，寄之月轮，不泯其迹，传乎后世。月亮中的兔子，就是这么来的。此即月宫天子，故又称“野兔形神”。

月宫天子的形象本为男性，肉白色脸膛，一手持杖，上有半月形，乘坐三鹅拉的车。他还有个月天妃为配偶，也是肉白色脸，手持青莲花。汉化寺庙中也有将月宫天子作为女性塑像的。

50 娑竭龙王

娑竭龙王是二十诸天第十九位，是咸海中的龙王。他本来是古印度传说中管理水蛇的海王，后来被演变成了佛教的护法天神。

古印度的龙和汉传佛教的龙大不相同。印度有个词，叫那伽，是用来形容蛇神的。比如在散脂大将中提到的俱吠罗打败蛇神，那个蛇神就是那伽。娑竭龙王是管理水蛇的，所以也是那伽。只不过，这个那伽传入到中国后，经过汉化，与中国龙的形象结合在一起，变成了道地的中国龙了。

关于娑竭龙王，佛教有所描述。《法华经》记述，娑竭龙王有一个女儿，八岁时就受到佛的教化，成为有名望的佛教界人士。大概是这个原因，娑竭龙王便对佛教采取了拥护的态度。历史上，人间佛教曾遭到许多次惨重的打击。佛教传说，其时许多法器便保存在娑竭罗海中。《莲花面经》对此作了明确的说明："佛言阿难，此阎浮提及余十方所有佛钵及佛舍利，皆在娑伽罗龙王宫中。"这是说，在娑竭龙王居住的海洋龙王宫里保存了许多佛教法器，如阎扶树、佛钵及舍利等。这是娑竭龙王对佛教的一个重要贡献。

另外，佛教中还有一说，认为此"天"名为"水"。他是龙神的名字，属于西方，是西方守护之神。二者孰是孰非，佛教典籍中都有依据，难以断定。但不管具体指何天，有一点却是共同的，皆为管理水域的天。

五台山将其改变成中国式龙王。头为龙形，身穿帝王服装。

51 阎摩罗王

阎摩罗王是二十诸天最后一位，亦称阎王，是民间传说的阴间主宰，掌管人的生死和轮回。在中国古代的民间信仰里面，人死后要去阴间报到，接受阎王的审判。

阎魔罗王的原形出自印度教的夜摩天王。夜摩天，亦称焰摩天，是佛教六欲天第三层，位于忉利天之上，兜率天以下。统治此天的就是夜摩天王。夜摩天以上诸天，因依天空而居，亦称空居天。四天王天和三十三天称地居天。

夜摩天王在印度最古老的诗歌集《梨俱吠陀》中，被称为阎摩。阎摩的来历非同小可，他的父亲是印度教太阳神苏利耶，祖父是天父神特尤斯，他是神三代。《梨俱吠陀》记载，阎摩是死亡后，来到天界，称为到达那里的第一个凡人，因此成为亡灵的统治者。就这样，阎摩渐渐演化为死亡之神，而夜摩天王依旧统治着他的夜摩天。如此一来，夜魔天王也就由一而二，形成了两个神，一个还是夜摩天王，另一个就是阎摩。

汉传佛教沿用这一说法，依旧请阎摩管理死亡和地狱的魔王，亦称阎魔罗王，俗称阎王或阎王爷。据唐康巨译《问地狱事经》载，阎王从前是毗沙国的国王，在与维陀始生王的战争中，因兵力不敌而立誓，愿为地狱之主。他手下的十八大臣率领所属百万众共同立誓，共治地狱罪人。

十八臣就是后来的十八地狱之小王，百万之众即后来地狱的众多狱卒。阎王所住的宫殿位于阎浮提洲南二铁城山外，纵广六万七千二百公里。其治下有五官，鲜官禁杀，水官禁盗，铁官禁淫，土官禁二舌，天官禁酒。唐释慧琳著《一切经音义》卷五说：“梵音

南印度的死亡之神阎摩像

阎魔，义翻为平等王，此司典生死罪福之业，主守地狱八热、八寒以及眷属诸小狱等，役使鬼卒于五趣中，追报罪人，捶拷治罚，决断善恶，更无休息。”

传说很早以前，阎罗王是毗沙国的一个国王，他生性好战，而且从不服输。当时唯一能与其抗衡的是由维陀始生王统治的一个国家，军队同样也很强大。他们兵戎相见，长年厮杀。由于毗沙王一味地穷兵黩武，国力渐渐不支，终于在

印度神话中的地狱

一次大的战役中，毗沙国的军队被维陀始生王的军队几乎杀得兵马殆尽。毗沙王好不容易杀出重围，一个人落荒逃至一座山顶，他的十八支部队，纠集了百万人马，到山上来找他。他们先把毗沙王安慰一番，然后群情激愤，朝打败他们的维陀始生王所在的方向，对天起誓："至死追随毗沙王！一定要惩治凶恶的仇敌，就是到了阴间地府，也要称王，血战到底！"接着，他们就在毗沙王的带领下，义无反顾地直入地狱。于是，毗沙王便成了威名赫赫的阎罗王，他的十八个部从分别做了十八层地狱里的判官，而跟随他的百万之众，也一个个变成了狱卒。

也许是后来阴曹地府的案子越来越多，一个阎王很难审理完，就一分为十。十王分别为秦广王、楚江王、宋帝王、五官王、阎罗王、卞城王、泰山王、都市王、平等王、转轮王。他们各自在地狱十殿中审判押到自己殿上的鬼魂。因为阎摩罗王名气最大，所以居“十殿阎罗”之首。

52 天龙八部

天龙八部是指天众、龙众、夜叉、阿修罗、迦楼罗、乾闼婆、紧那罗、摩呼罗迦八类佛教的护法神。部，这里是门类、类别之意。八部，是八个类别。天龙八部因以天众和龙众为首，故称天龙八部。天龙八部又称龙神八部、八部众。

1. 天众

天，就是天神；天众，就是天这一类的众神，即众天神。护法二十诸天的大梵天、帝释天、四大天王、韦驮、阎王等即是。帝释天是众天神的领袖。二十诸天的地位崇隆，经常被供奉在佛寺大雄宝殿的两侧。如杭州灵隐寺、北京大慧寺、普陀山慧济寺等，都严格地依此遵行。

2. 龙众

龙，是指神龙；龙众，就是众神龙。佛经上说有无数龙王，专管兴云降雨。佛经中的龙，和我国传说中的龙的形象大致差不多，不过没有脚。事实上，中国人对龙和龙王的观念，主要是从佛经中来的。众龙王中娑竭罗龙王最出名，因它的女儿就是后来成佛的龙女。

3. 夜叉

又译为药叉，是佛经中的

一种鬼神。夜叉的本义是能吃鬼的神，又有敏捷、勇健、轻灵、秘密等意思。夜叉的种类多，有地夜叉、虚空夜叉、飞行夜叉，还有巡海夜叉等；夜叉的数量大，北方毗沙门天王手下有夜叉八大将，佛教还有十六大夜叉（药叉）将。每一位大夜叉将属下各有七千小夜叉，合起来就有十一万余个夜叉。

在佛经中，夜叉的基本形象是好的。夜叉八大将的任务是维护众生界，是好夜叉。地狱迷信流传以后，夜叉又以阴间小鬼的身份，充当起地狱中施行刑法的鬼卒。

夜叉神的形象在佛教寺院里和石窟造像中可以经常看到。北京法源寺毗卢殿中，顶天立地的千佛雕像及其上的五方佛安置在一个巨大的石制须弥座上，石座四面雕刻有张牙舞爪的鬼形托扛力士之像，这些小神就是夜叉神。而在云冈石窟中所凿之塔的最下层，有怒发上冲、凸眼暴腮的类似鬼形的托扛人像，塔的每一层中有两个作守护状的武士神像；有些窟室大门的两侧，雕有手持三股叉的阴森的力士护卫神像，这些都是夜叉造像。河北省正定县隆兴寺集庆阁内地藏菩萨须弥座四周，亦有惟妙惟肖的夜叉雕像，令人百看不厌。

需要多说一句的是，古印度的母夜叉形象都是年轻貌美、身材火辣的女性。她们进入汉传佛教后，不知为何，变成了张牙舞爪、丑陋不堪的母夜叉。

4. 阿修罗

梵语，意译“不端正”，有容貌丑陋之意。在古代印度神话中，阿修罗最初是主管道德和社会的神族。汉传佛教中弥勒菩萨的原型就是古印度最著名的神密特拉。后来，阿修罗被演绎成一个恶神，男的是著名丑男，女的是绝色佳人。阿修罗王常常和帝释天战斗，因阿修罗有美女而无美食，而帝释天有美食而无美女，相互妒忌抢夺，互相杀伐。人们把他

泰国国徽上的迦楼罗形象

们争战的尸横遍野的战场叫“修罗场”。佛教将这个恶神收为正义的护法神。

5. 乾闼婆

婆罗门教崇拜的一群神，是服侍帝释天的乐神之一，身上发出浓郁的香气。但需说明的是，乾闼婆是男性神。其状貌说法不一：有的说是卷发，手执光辉的武器；有的说身上多毛，半人半兽；有的说风采很美。乾闼婆是一种不吃酒肉、只寻香气以为滋养的守护神。乾闼婆在梵语中又有“变幻莫测”的意思，魔术师也叫乾闼婆。海市蜃楼叫作“乾闼婆城”。

6．迦楼罗

它是印度神话中的一只巨鸟，为主神毗湿奴的坐骑。汉传佛教称之为金翅鸟或金鸟神。两只翅膀生有特殊的颜色，张开有三百三十六万里。头上长有一个美丽的大瘤，是如意珠。以龙为食，可除掉毒龙，每天要吃一龙王和五百条小龙。到命终时，诸龙吐毒，无法再吃，于是上下翻飞七次，飞到金刚轮山顶上命终。因为它一生以龙（大毒蛇）为食物，体内毒气极多，临死时，毒发自焚。肉身烧去后只余一心，作纯青琉璃色。中国传统小说《西游记》等，认为迦楼罗是大鹏金翅鸟转世。泰国国徽使用的就是人身鸟翅的迦楼罗造型。

7．紧那罗

歌神。人身马首，或马身人首。一说是梵天的脚趾演变来的，一说是印度教众生之主迦叶波的儿子。善于歌舞，是帝释天的歌神之一。紧那罗专门演奏规范的法乐，乾闼婆专奏民间的俗乐。紧那罗在梵语中为“人非人”之意。他的状貌和人一样，但头上生了一只角，所以称为“人非人”。

8．摩呼罗迦

大蟒神。人身而蛇头。古印度是一个信仰蛇神的国家，因此蛇也成了护法神。相对于龙众，摩呼罗迦又称地龙。中国香港导演徐克的电影《青蛇》有一首插曲，名字叫《莫呼洛迦》，是由台湾歌星辛晓琪演唱的，感兴趣的读者不妨找来听听。

“天龙八部”原为佛教用语，后被当代著名作家金庸用作书名。《天龙八部》这部小说里没有神道精怪，只是借用这个佛经名词，以象征大千世界之中形形色色的人物。《天龙八部》于1963年开始在《明报》及新加坡《南洋商报》同时连载，前后写了四年，完成于1966年，是金庸最著名的武侠小说之一。

53 哼哈二将

哼哈二将本是指佛国的金刚力士。金刚力士，就是手执金刚杵在佛国从事护法工作的卫士。传说是由密迹金刚分身而来。密迹金刚，又叫金刚密迹、密迹力士，是手持金刚杵给佛担任警卫的夜叉神的卫士长。

传说密迹金刚的出身不凡，乃显赫的法意太子。他为有机会亲近佛祖，便发誓要皈依佛门，当个金刚力士。后来，他果然如愿以偿，当上了密迹金刚。再后来，他又将自身一分为二，分化成两个金刚力士，专门把守佛寺的山门，成为哼哈二将，为佛教护法神。佛教寺院门口，常能见到他们拱卫于两侧，相向而立。他们一哼一哈，身披重甲，体魄雄伟，面目狰狞，令人触目惊心，诚惶诚恐。两位门神的主要区别在于开口闭口之间。

还有一说，认为他们是佛教中的一对仁王，一名密迹金刚；一名那罗延天。那罗延天，亦称那罗延，起源于印度教。他在印度教中可不是看门的小神，而是毗湿奴的化身，甚至有时还是梵天的化身。毗湿奴派经典《龟往世书》认为那罗延就是毗湿奴，是该派的最高神。在古印度史诗《摩诃婆罗多》中，大英雄那罗（阿周那）是那罗延的朋友。那罗延经常为那罗出谋划策。如此高大上的神为何会沦落为汉传佛教里的看门神呢？目前尚无解释。

哼哈二将是中国佛教的创造。明朝小说家许仲琳所著的《封神演义》的风行，令哼哈二将家喻户晓。小说里的哼将叫郑伦，哈将叫陈奇。他们都身怀奇术。郑伦本是殷纣王朝的大将，曾在西昆仑度厄真人门下为徒。学会运用窍中二气，拿鼻孔一哼，声震山岳，顿时喷出两道白光，能摄人魂魄。周武王伐纣时，郑伦与周兵对阵，常用此法取胜。后来郑伦被周兵所获，降了周朝，当上了三运总督官。陈奇是殷纣王朝的督粮上将军。他曾受异人秘传，在肚皮里炼成一股黄气，与人争斗，张口一哈，黄雾弥漫，声如雷滚，见之者魂飞魄散。凭着这套本事，他常常打败周兵。有一次，陈奇与郑伦彼此在阵上一哼一哈，只搅得天昏地暗，日月无光。

《封神演义》第七十四回“哼哈二将显神通”，描写了他们之间的一场恶战。郑伦上了金睛兽，提降魔杵，领本部三千乌鸦兵出营来。见陈奇也是金睛兽，提荡魔杵，也有一队人马，俱穿黄号色，也拿着挠钩套索。郑伦心下疑惑，乃至军前大呼曰：“来者何人？”陈奇曰：“吾乃督粮上将军陈奇是也。你乃何人？”郑伦曰：“吾乃三运总督官郑伦是也。”郑伦问曰：“闻你有异术，今日特来会你。”郑伦催开金睛兽，摇手中降魔杵，劈头就打。陈奇手中荡魔杵赴面交还。二兽一场大战。后来，郑伦遇到牛怪出身的金大升，大升喷出一块碗大的牛黄，一下子打中了郑伦的鼻孔，郑伦跌下马来，被一刀挥为两段。陈奇也被周营中的小将哪吒用乾坤圈打伤了胳膊，又被黄飞虎趁势一枪刺死。两个人的阴魂都直奔封神台而去。战事结束，姜子牙封郑伦、陈奇为哼哈二将，镇守西释山门，护卫佛法。

北京戒台寺山门殿里的哼哈二将，高二丈余，体魄健壮，面目狰狞。一个张口呼哈，一个闭口怒哼。这是著名的彩塑哼哈二将造像。

第五章 明王部

54 孔雀明王

孔雀明王，又称大孔雀明王、大孔雀咒王、大孔雀明王菩萨、孔雀多罗菩萨、孔雀度母等。孔雀明王是其简称。此尊相传为毗卢遮那佛的化身。密号为佛母金刚、护世金刚。

从孔雀明王的名字中，我们会发现“多罗菩萨”这四个字。孔雀明王就是多罗菩萨的化身，而这位多罗菩萨在佛教中被认为是阿弥陀佛和观世音菩萨的女性化身，地位极其尊贵。多罗菩萨在古印度便极受尊崇，如今，释迦牟尼曾到处菩提伽耶的大觉塔上仍有此菩萨的雕像。藏传佛教各派虽然各有自己的信仰，但在多罗菩萨的尊崇和信仰上，各派空前一致。藏传佛教的多罗菩萨有二十一个化身，即二十一度母，共分为解脱八难护祐母、吉祥圆满灿耀母、善趣道路导引母、三恶道门断除母四大类。

孔雀明王乃女性明王，是佛母五大明王之一，其他四位是大随求明王、大千摧碎明王、随持密咒明王、大寒林明王。在密教修法中，以孔雀明王为本尊而修者，称为孔雀明王经法，又称孔雀经法，为密教四大法之一。根据唐不空译《孔雀明王经》记载，佛祖在世时，有一位名叫莎底的出家人遭到毒蛇咬伤，身中剧毒，口吐白沫，不胜其苦。恰逢释迦牟尼佛之弟子阿难见到此情景，他便向佛祖禀告，以求救治之策。之后，佛祖告诉阿难，《大孔雀明王神咒》有大法力，依此修持念诵，不仅可以除此蛇毒，还能消除一切鬼魅、毒害、恶疾。阿难便照此办理，不仅救助了出家人莎底，而且也找到了通过修持念诵此神咒，消除灾祸的秘法。这就是《孔雀明王经》的主要内容。从此，孔雀明王成为信众特别信奉的佛陀。

孔雀明王的形象不同于一般的明王。一般的明王面相呈愤怒形，而孔雀明王却是非愤怒形的菩萨相。据唐不空译《大孔雀明王画像坛场仪轨》记载，孔雀明王呈一面四臂之相，居于八叶莲花之中，手持莲花、俱缘果（一种类似木瓜的水果）、吉祥果（有人说是石榴）、孔雀尾，跨乘金色孔雀王。所持四物中，莲花表敬爱，俱缘果表调伏，吉祥果表增益，孔雀尾表息灾。此明王为毗卢遮那如来化身，具有摄取、折伏二德，故有二种座，白莲座表示摄取慈悲之本誓，青莲座表示降伏之意。

现藏于大英博物馆的斯里兰卡公元7世纪的多罗菩萨镀金青铜雕像

55 马头明王

马头明王也叫马首明王、马头观音、马头大士、马头金刚、马头观自在。马头明王来源于印度教。据印度教传说，马头明王是印度教神话中毗湿奴的化身之一。

梵天创造了天神和魔鬼，二者间经常发生战争。天神凭佛教经典《吠陀》赋予的力量屡战屡胜。魔鬼为了摆脱困境，欲毁掉《吠陀》。他们派出两名魔鬼趁天神睡熟之际，盗出天书，撕碎后藏到海底。毗湿奴神愤怒异常，化身马头明王的形象将魔鬼杀死，抢救出《吠陀》，拯救了世界。作为毗湿奴神化身之一的马头明王由此成为经典的守护者，知识的保护神。马头明王法力强大，能够降伏罗刹、鬼神、天龙八部之一切魔障，消无明业障、瘟疫、病苦，免一切恶咒邪法等。

马头明王被佛教认为是观音菩萨的化身，位列八大明王第五位。八大明王即降三世明王（金刚手菩萨）、大威德明王（妙吉祥菩萨）、大笑明王即军荼利明王（虚空藏菩萨）、大轮明王（慈氏菩萨）、马头明王（观音菩萨）、无能胜明王（地藏菩萨）、不动明王（除盖障菩萨）、步掷明王（普贤菩萨）。密宗也认为马头明王为六观音之一。

马头明王虽为观音化身，但其面目无温柔容，而现愤怒相。其像有一面二臂、三面八臂、四面二臂、四面八臂等多种。一面二臂者，身红色，三目圆睁，獠牙外露，发须红黄上竖，头顶上有绿色马首。右手持骷髅宝杖，左手施期克印。头戴五骷髅冠，项挂五十人头瓔珞，以虎皮为裙，以蛇饰为庄严。以莲花日轮为座，威立于般若烈焰中。

56

不动明王

不动明王，即不动尊金刚明王。“不动”，意为誓愿，乃指慈悲心坚固，无可撼动；“明”者，乃智慧之光明；“王”者，驾驭一切现象者。

不动明王是密教五大明王第一位。密教认为，宇宙拥有五大明王，即东方降三世明王、南方军荼利明王、西方大威德明王、北方金刚夜叉明王和中央不动明王。由于不动明王居于中央，另四尊明王围绕在他身边，故为密教五大明王之首。不动明王与观音菩萨和地藏菩萨并列，成为藏传佛教供奉的三大主尊。

据说，不动明王是奉密教的主尊大日如来的教令而示现的愤怒身，用以降伏一切恶魔。因此，他被视为大日如来的化身或使者。不动明王降魔时示现的愤怒身，也是诸佛意的化身，他的身相是对那些顽固不化、执迷不悟、受魔障遮蔽的众生而变化的，以喝醒众生和吓退魔障。

不动明王的形象颇多，根据仪轨所载的不同，亦有所区别。从面、臂、足相看，分为一面二臂相、一面四臂相、三面二臂相、四面四臂相、四面四臂四足相、一面六臂六足相、四面六臂相等；从身色看，分为青色、黑色、青黑色、赤黄色等多种身色；从姿势看，分为站姿、坐姿；从手执之法器看，二臂相除通常看到的左手执索、右手举剑，另还有右手金刚杵、左手持宝棒，二臂持五钴杵、二臂持法轮；而多臂相中，更有利剑、金刚箭、金轮、索、宝弓、金刚杵、钺斧、宝棒等等不同法器的形象。

不动明王的形象，较为常见的为通身带青黑色，其面目表情狰狞可怖，足以吓阻恶鬼妖魔。发垂披肩，怒眉瞠目，

不动明王像

两眼张开或一张一闭，眼睛直嗔或一眼仰视一眼俯视，咬紧牙根，嘴角两侧露出两虎牙，牙尖一上一下，现大愤怒相。上衣斜披，下着摆裙，右手持剑，左手提索，盘坐于石座上。或以童子相站姿，安立周身智慧烈焰中，其造型特殊，显示此不动明王更具进攻性和战斗力。

57 降三世明王

降三世明王，密教五大明王第二位，又名月黡尊、胜三世、圣三世、三世胜、金刚摧破者、降三世金刚菩萨。为东方阿閦佛之教令轮身，配置于东方。密号最胜金刚。

所谓降三世，就是能降伏过去、现在、未来三世的贪、嗔、痴。或以贪、嗔、痴三毒为三世，说此明王能够降伏此三毒。还有一说，所谓三世即是三界，降三世是说此明王能降伏三界之主大自在天，故称降三世。

密教认为，修习降三世明王法的主要功能是降伏天魔。如果持诵此明王的真言，则无量无边魔界立刻会苦恼热病。从而，为人们解除灾魔。

据唐不空译《金刚顶瑜伽降三世成就深密门》记载，降三世明王身玄黄色，四面分别为青、黄、绿、红色。面作愤怒暴恶相，通身周围有烈焰围绕。左足踩大自在天头顶，右足踏天妃乌摩胸部。中间两手当心结印；右边三手分别持五钴钩、箭和剑；左边三手各持五钴钩、弓和绳索。密教经书《大悲胎藏界曼荼罗》内的降三世明王多为二臂像，头戴宝冠，手持五钴或三股叉等。比较常见的是三面八臂。脸上有三目，身侧有火焰。如同不动明王，也是愤怒相。

58 军荼利明王

军荼利明王，密教五大明王第三位。“军荼利”是梵语，意译为“瓶”。由于在密教里，瓶往往是甘露的象征，所以此词又译作甘露军荼利。

军荼利明王以慈悲方便，成大威日轮，以照耀修行者；流注甘露水，以洗涤众生之心地，因此又称为甘露军荼利明王。又因为其乃南方宝生佛的愤怒身，现愤怒相，形貌似夜叉身，所以也称为军荼利夜叉明王。

军荼利明王原名为甘露瓶，是因为他以芬芳的甘露水施予一切众生。甘露水也就成为此明王神格的象征。此尊列入八大明王时，别名为大笑明王，此外尚有甘露明王，吉利明王等异名。

此尊形象与降三世明王一样，其异形亦很多，有二面四臂像，四面八臂像等。其四臂表示降服四烦恼，即我痴、我见、我慢、我爱。关于此尊形象，唐阿地瞿多译《陀罗尼集经》所述甚详。据载，其像遍身青色，两眼俱赤，其头发色为黑赤交错，如三昧火焰，张眼大瞋，上齿皆露。有二赤蛇，二头相交，垂在胸前。其像有八臂手，下第二手，把长戟，屈臂向上，其戟上下，各有三叉。下第三臂，压左第三臂，两臂相交在胸前。右手中，把两条赤蛇，其蛇相交，向各像面。左手亦把一个赤蛇。八手腕中，皆着金钏。以紫色地散华锦之天衣，缚络及背顶。其天衣头，分左右，各向下垂。将以绿表肉红里带，系其腰，其两胯挽虎皮与锦。其胫骨处，各有赤黑相间色蛇一条缠绕。其像立于七宝双莲花上。

军荼利明王像

59 大威德明王

大威德明王，密教五大明王第四位。其梵语译为死亡终结者，又作降阎摩尊、六足尊。

据说此明王镇守西方，能断除一切魔障，摧伏一切毒龙，部分日本东密信徒认为其乃西方阿弥陀佛的愤怒身。以此尊为主尊之修法称为大威德法。在西藏密教中，称之为大威德金刚，认为他是文殊菩萨的化身，大威德金刚则是无上密最高的本尊之一。

大威德明王的形象，常见的有三面六臂、六面六臂六足等多种。其六面六臂六足像亦各具含义。右第一手持剑，剑表智，是降伏义。右第二手持如意宝棒，左手三叉戟，如意宝棒是摧破义。三叉戟为红竹石制作，寓意消除一切邪魔。因此佛教中红竹石有辟邪的功效。左第二手持轮，二手结根本印，轮、印皆表示摧破之义。身青黑，青色为菩萨心之色，表随缘大悲。以髑髅为璎珞项链，是拔无明株之义。虎皮为裙，表威猛如虎。能去烦恼之蛇，是生死即涅槃之意。六叶莲花上有水牛，表此尊能于生死大海之水陆得自在，犹如水牛之于水陆得自在。骑乘水牛之像颇多。

密宗的大威德金刚为九面三十四臂。九面代表藏传佛教宁玛派九乘，即外三乘、内三乘、密三乘。大威德金刚位于密三乘之父续，这是宁玛派独有的理论。三十四臂加身、语、意成三十七道品，即菩提分，是小乘佛教修行内容的总结，大乘佛教亦列入菩提道中。三十七道品分为七种，即四念处、四正勤、四如意足、五根、五力、七觉支、八正道。

60 金刚夜叉明王

金刚夜叉明王，密教五大明王第五位，又名金刚尽、金刚焰口、金刚啖食、大黑明神，配于北方。此明王为北方不空成就如来的愤怒身。

他也称火首金刚。在大乘佛教经典《楞严经》中，有一段火首金刚的自白，讲述了他成为金刚的过程。他说：我以前非常贪婪，欲望十分强烈。有个空王佛前来度我，教会我如何将欲望的猛火化成智慧火。从那以后，所有的佛都叫我火头。我就成了火首金刚。

他是金刚乘的护法神。大乘佛教典籍《圆觉经》(唐佛陀多罗译)记载，火首金刚率八万金刚，顶礼膜拜于佛祖足下，对佛祖说："我将率领八万金刚日夜守护道场，如守护自己的眼睛。"

他亦称秽迹金刚，能啖食秽恶，消灾除难，摧伏邪浊，故也被奉为厕神。佛教传说，释迦牟尼佛涅槃之前，众神围在其身边闻法。螺髻梵王不仅没到场，而且还在天上歌舞升平。咒仙看不过去，便去理论，被螺髻梵王用粪便盖住，金刚前去，亦被秽物困住。七天后，佛祖化为秽迹金刚，来到螺髻梵王住所，用手一指，污秽立即变为净土。就这样，佛祖解救了咒仙和金刚，降服了螺髻梵王。相传，金刚夜叉明王的真言颇为灵验。如果持诵一千零八十遍，则三千大千世界诸天，皆随顺慑服。修习金刚夜叉明神法，通常用在息灾与调伏。据说，在饮食前如果能将此一明神的真言持诵七遍，也可以预防食物中毒。

金刚夜叉明王的形象，多为三面六臂。其正面五眼怒张，左右两面各有三眼。头有马王髻（即头发上竖，有如奔

日本金刚夜叉明王像

马怒嘶，马鬃竖立之状）。手持金刚铃，表示以般若之智警悟群迷。周身遍饰珠玉。六臂各持弓、箭、剑、轮、五钴杵、金刚铃等法器。手持金刚铃是其特征，表示以铃声振击众生，象征以般若之智警悟群迷，慑服一切邪魔。

61

无能胜明王

无能胜明王为八大明王第六位，被认为是地藏菩萨的化身。无能胜明王，又称无能胜菩萨、胜妙金刚，意为“不被任何东西所打倒”。此明王乃是释迦牟尼佛于菩提树下成道时，以明咒力降服魔军、退治障碍之尊。相传是地藏菩萨的化身。北宋法天译《无能胜大明陀罗尼经》说其本誓及

明咒，即表示佛成道降魔之德。

此明王极少单独被奉祀。在密教仪轨中，其居于释迦牟尼佛像之前，与其夫人无能胜明妃长生金刚相对，守护一门。其造像呈愤怒状，有四面四臂、三面四臂、一面二臂等。三面四臂形象的，面上各有三目，火焰发。右边第一只手竖起食指，做出威吓对方的期克印，第二只手拿着独钴杵。左边的第一只手拿着斧钺，第二只手拿着三叉戟。

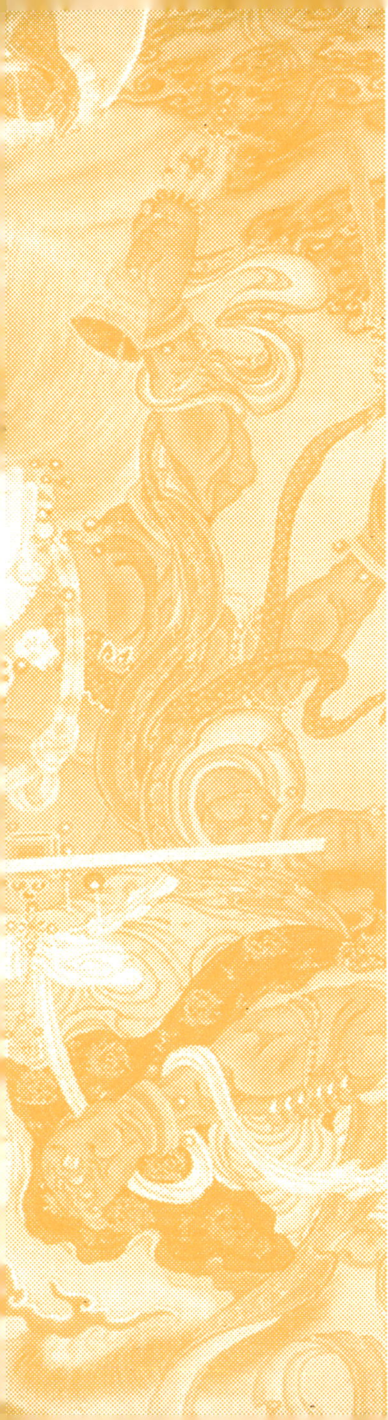

清代佚名无能胜明王像

第六章

罗汉部

62 十大弟子

十大弟子相传为释迦牟尼佛的十个主要门徒。释迦牟尼佛传教四十五年，门徒弟子很多，最得意的是十大弟子。据大乘佛教早期经典《维摩诘经》卷上“弟子品”记载，十大弟子是：智慧第一舍利弗、神通第一目犍连、头陀第一大迦叶、天眼第一阿那律、解空第一须菩提、说法第一富楼那、论议第一迦旃延、持律第一优婆离、密行第一罗睺罗、多闻第一阿难陀。

佛教徒修行，是为了解脱生死轮回。在这方面，可能达到高低不同的四种成就。每一种成就叫一个果位。前三种果位，也就是预流果、一来果、不还果，都不能跳出六道轮回。第四果是阿罗汉果。阿罗汉果，也称无极果、无学果。得到阿罗汉果，就是达到修学的顶端。这有三个意义：一是“杀贼”，即杀尽一切烦恼之贼；二是“应供”，即应受天下人的供养；三是“不生”，即永远进入涅槃，不再生死轮回。

十大弟子都获得了阿罗汉果，因此都是罗汉。罗汉，是阿罗汉的略称。阿罗汉是梵文的音译，也作阿罗诃，是指原始的小乘佛教修行的最高果位，也就是所能达到的最高级别。在大乘佛教中，第一等是佛，第二等是菩萨，第三等是罗汉。

十大弟子不是等闲之辈，他们都是释迦牟尼佛的亲传弟子，是直接听到释迦牟尼佛的声音的所谓“声闻”弟子，个个身怀绝技。

智慧第一舍利弗。舍利弗，又名舍利子。舍利是其母亲的名字，意为百舌鸟，形容有辩才。舍利弗年轻时与好友目犍连一同加入佛祖门下。他善于讲法，有时佛祖便让舍利弗为僧众说法。他的年纪比佛

韩国庆州石窟庵目犍连石刻像

韩国庆州石窟庵大迦叶石刻像

祖还要大，先于佛祖涅槃。藏传佛教中，站在佛祖身边的是目犍连和舍利弗。南传佛教，称其为法将。

神通第一目犍连。目犍连，亦称大目犍连，他有个著名的故事——目连救母。目犍连的母亲生前作恶多端，死后成为饿鬼，受尽折磨。目犍连有神通，能够看到这一切，便运用法力将饭菜送到母亲那里。可是，饭菜到了母亲嘴边便化为灰烬。目犍连无法，只得向佛祖求教。在佛祖的指点下，目犍连集合众罗汉之功力，于每年七月中旬以盆装百果，办盂兰盆法会，供养十方僧人，最后终于使母亲得救。由此也产生了一个重要的佛教节日——盂兰盆节。目犍连后来死于外道的暗杀。

头陀第一大迦叶。迦叶，亦称大迦叶，姓迦叶波。迦叶波是印度教众生之主，可见其出身高贵。迦叶是十大弟子中年龄最长者，且清廉克己，连佛祖都尊重他。有“佛陀分半座”给迦叶的故事流传。头陀，是佛教徒的一种修行方式。佛祖在灵山会上，拈花示给众人看，大家面面相觑，只有迦叶破颜微笑。这是“拈花微笑”。迦叶也因此修行被中国禅宗奉为西天第一代祖师。

天眼第一阿那律。阿那律，亦称阿那律陀。他姓释氏，是佛祖的堂弟。佛祖说：“我声闻中，得天眼第一者，所谓阿那律比丘是。”

解空第一须菩提。解空是佛教用语，即悟解世间诸法的空相。须菩提出生于古印度婆

韩国庆州石窟庵优婆离石刻像

罗门教家庭，因此同情穷人的苦难。他在化缘时，常去富人家。而迦叶则向穷人化缘，给他们积累善业的机会。佛祖对俩人的行为都不予支持，认为化缘应随缘，不应该特选檀越（施主）。

说法第一富楼那。富楼那与佛祖同日出生。他出身婆罗门贵族，父亲是净饭国国师，母亲是佛祖五比丘之憍陈如的妹妹。富楼那有辩才，明义理，后经常演法教化，故名说法第一。

论议第一迦旃延。迦旃延，亦称迦多衍那。他是西印度阿盘提国王子，受父王之命，到净饭国，请佛祖至其国弘法。迦旃延见到佛祖后，便决心出家。著有《藏论》。佛祖授记其将来成佛，号阎浮那提金光如来。

持律第一优婆离。优婆离，亦称优婆利。《弥勒上生经疏》有“佛为太子，彼为大臣”之语，意思是佛祖为净饭国太子时，优婆离是净饭国的

阿难陀塑像，
现藏于加拿大皇家安大略博物馆

大臣。佛祖涅槃后的第一次结集时，他诵读出了三藏之《律藏》，故为持律第一。

密行第一罗睺罗。此罗汉与佛祖关系不一般，他是佛祖的独生子。罗睺罗七岁出家，令祖父净饭国王心痛不已。于是，佛教就有了没有经父母同意，儿女不能出家的戒条。年少的罗睺罗到了佛祖身边后，也成了佛教僧团的第一位沙弥。罗睺罗后来听了《小罗睺罗经》，证得阿罗汉果，被认为是密行第一。

多闻第一阿难陀。阿难陀，亦称阿难。此罗汉也是佛祖的亲戚。他是白饭国王之子，佛祖的堂弟，生于佛祖成道日。也就是说，阿难比佛祖小三十岁。汉传佛教佛像中，阿难一般站在佛祖右手边。多闻第一是因为他常在佛祖身边，甚至佛祖还带他去过天宫和龙宫，佛祖的一言一行，他都谨记无误。

63 十八罗汉

十八罗汉，原本只是十六罗汉。他们是释迦牟尼佛的十六位弟子，历史上确实有其人。据说，他们受到释迦牟尼佛的嘱托，不入涅槃，长住世间，弘扬佛法。

五代时贯休和尚曾绘《十六罗汉图》。另外北宋文学家苏轼亦曾给贯休《十六罗汉图》各配有赞诗一首。

第一位是宾度罗跋罗度阇尊者：出身婆罗门贵族，原来是拘舍弥城优填王手下大臣。他的长相奇特，“眉长数寸，发白如霜”，俗称长眉罗汉。中国禅林食堂常常供其像，唐玄奘译《法住记》说他住在西瞿陀尼洲。苏轼赞诗曰：白氎在膝，贝多在中，目视超然，忘经与人，面颅百皱，不受刀箭，无心扫除，留此残雪。

第二位是迦诺迦伐蹉尊

者：他是知道一切善恶法的声闻弟子，住在北方迦湿弥罗国。苏轼赞诗曰：耆年何老，粲然复少，我知其心，佛不妄笑。嗔喜虽幻，笑则非嗔，施此无忧，与无量人。

第三位是迦诺迦跋厘堕阇尊者：住在东胜神洲。苏轼赞诗曰：扬眉注目，拊膝横拂，问此大士，为言为默，默如雷电，言如墙壁，非言非默，百祖是式。

第四位是苏频陀尊者：住在北俱卢洲。苏轼赞诗曰：聘耳垂肩，绮眉覆观，佛在世时，见此耆年，开口诵经，四十余齿，时闻雷雹，出一弹指。

第五位是诺矩罗尊者：住在南瞻部洲。苏轼赞诗曰：善心为男，其室宝喜，背痒孰爬，有木童子，高下适当，轻重得宜，使真童子，能知兹乎。

第六位是跋陀罗尊者：是佛祖的侍者，主管洗浴事，故有些禅林浴室供他的像。唐玄奘译《法住记》说他住在耽没罗洲。苏轼赞诗曰：美狠恶婉，自昔所闻，不圆其辅，有圆者存，现亦报相，代众生报，使诸佛子，具佛相好。

第七位是迦理迦尊者：是佛祖的一般侍者，住在僧伽荼洲。苏轼赞诗曰：佛子三毛，发眉与须，既去其二，一则有余，因以示众，物无两遂，既得无生，则无生死。

第八位是伐阇罗弗多罗尊者：意为金刚子，住在钵剌拏洲。苏轼赞诗曰：两眼方用，两手自寂，用者注经，寂者寄膝，二法相忘，亦不相损，是四句偈，在我指端。

第九位是戍博迦尊者：有“贱民”“男根断者”之义，住在香醉山中。苏轼赞诗曰：一劫七日，刹那三世，何念之勤，屈指默计，屈者已住，信者未然，孰能住此，屈信之间。

第十位是半托迦尊者：意思是“路边生”，原来这个罗汉是个私生子。他弟弟也是个“路边生”，所以他该叫“大路边生”。据说。他们的母亲是大富长者之女，与家奴私通，逃避他国，久而有孕，临产归来，在途中生二子。后来，兄弟二人，均出家成为罗汉。苏轼赞诗曰：垂头没肩，俯目注视，不知有经，而况字义，佛子云何，饱食昼眠，勤苦用功，诸佛亦然。

第十一位是罗睺罗尊者：意译“障月”“执月”。他是佛祖唯一的儿子。据说，佛祖出家之夜，其俗时的妻子怀孕。六年后，佛祖成道之夜月食时，罗睺罗尊者降生。他出家后成为佛祖的十大弟子之一，号称“密行第一”。住在毕利飏瞿洲。苏轼赞诗曰：面门月圆，瞳子电烂，示和猛容，作威喜观，龙象之势，鱼鸟所惊，以是幻身，为护法城。

第十二位是那伽犀那尊者：意译“龙军”，习称“那先比丘”，生于佛祖灭后，七岁出家。住在广半度波山。苏轼赞诗曰：以恶辘物，如火自热，以信入佛，如水自湿，垂肩捧手，为谁虔敬，大师无德，水火无功。

第十三位是因揭陀尊者：住在广胁山中。苏轼赞诗曰：捧经持珠，杖则倚肩，植杖而起，经珠乃闲，不行不立，不坐不卧，问师此时，经杖何在？

第十四位是伐那婆斯尊者：住在可住山中。苏轼赞诗曰：心如死灰，形如槁木，神妙万物，苍岩骨肉，铁磬谁鸣，容谷传声，呼之不闻，不呼眼瞠。

第十五位是阿氏多尊者：住在鹫峰山中。苏轼赞诗曰：劳我者皙，休我者黔，如宴如岳，鲜不辟淫，是哀骀它，澹台灭明，名妍于心，得法眼正。

第十六位是注荼半托迦尊者：他是第十位半托迦尊者的弟弟注荼半托迦尊者，即“小路边生”，他哥哥聪明而他愚钝。苏轼赞诗曰：以口说法，法不可说，以手示人，手去法灭，生灭之中，自然真常，是故我法，不离色声。

第十七位是迦叶尊者：俗称降龙罗汉，此乃清乾隆皇帝钦定。

第十八位是弥勒尊者：俗称伏虎罗汉，此乃清乾隆皇帝钦定。

十八罗汉是怎么来的呢？唐玄奘大师西行取经时带回的《大阿罗汉难提密多罗所说法住记》(下称《法住记》) 说，庆友尊者即“难提密多罗”在涅槃时，将住世十六大阿罗汉的名号告知大众，十六罗汉即被广泛弘传。世人为十六罗汉造像时，出于尊敬，将庆友尊者和玄奘大师加进去，于是十六罗汉就演变成十八罗汉，只是两位添加罗汉的名号时有变化，直到清乾隆年间，由皇帝钦定为降龙和伏虎两罗汉，十八罗汉的名号在中土才基本确定下来。

64 五百罗汉

罗汉的队伍不断扩大，由四位而十六位而十八位，最后扩张为五百位。五百罗汉，秉性不同，长相各异。在中国佛教寺院里，形成了迥异其趣的蔚然景观，受到了佛教徒众的欢迎。

五百罗汉的来历说法不一。其代表性的说法有六种：

一是指跟随佛祖听法传教的弟子。据佛教戒律书《十诵经》所记，佛祖在世时，随他听法传道的五百弟子，被称为五百罗汉。

二是指参加第一次结集三藏或第四次结集三藏的五百比丘。西晋竺法护译《佛五百弟子自说本起经》记载，佛祖灭度次年，迦叶召集五百比丘，汇编释迦牟尼遗教。参加第一次结集的五百比丘就是五百罗汉。

三是说为五百只大雁所化。南朝梁宝唱著《经律异相》卷四十八说，佛祖在波罗奈国为四众说法时，五百只大雁听到佛祖的声音便飞到佛祖面前，听佛讲法，死后全部升入忉利天，成为五百罗汉。

四是五百只蝙蝠所化。它们因专心听诵经之声而不避火灼，死后托生为人普证圣果，全部成为罗汉。

五是五百仙人成罗汉。据后秦鸠摩罗什译《大智度论》说，有五百仙人因听音乐天紧那罗女的歌声而失禅定，后来终于证得阿罗汉果。这五百仙人就是后来的五百罗汉。

六是五百强盗成罗汉。据说，有被官军挖去双眼的五百强盗，因释迦牟尼发慈悲而恢复视力。遂感佛祖之恩，皈依佛门，终成正果，成为五百罗汉。

五百罗汉最早出现在东晋年间的浙江天台山。到唐及五代，罗汉崇拜大为兴盛。后周显德元年（954），道潜禅师创建五百罗汉堂。宋太宗雍熙二年（985），将十六罗汉和五百罗汉一起，合成五百一十六罗汉，奉安于天台山寿昌寺。自此以后，五百罗汉堂开始在各地兴建，形成了五百罗汉热。

五百罗汉是不是实有其人呢？其实，历史上并没有五百罗汉其人。佛经上没有记载。他们的名字是后人给取的。给五百罗汉冠名，这是中国佛教界的一个贡献。现存的最早的五百罗汉的名号有两件。一件是广西宜山会仙山白龙洞摩崖碑刻《供养释迦如来主世十八尊者五百大阿罗汉圣号》，记录了十八罗汉和五百罗汉的名号；二是南宋工部郎高道素于宋高宗绍兴四年（1134）所刻的《江阴军乾明院罗汉尊号碑》，记录了五百罗汉的名号。现存的是明崇祯年间的重刻碑。关于五百罗汉的具体名号，今人李增新、高寿先著《五百罗汉》一书记载甚详。

云南省昆明市筇（qióng）竹寺的彩塑五百罗汉造像被誉

为“东方雕塑宝库中的明珠”。我国四川新都宝光寺、浙江杭州灵隐寺、北京香山碧云寺等十八座佛寺中，都有五百罗汉造像。但是，最有名的却是筇竹寺的五百罗汉。其他寺院的五百罗汉，有很多是千人一面，缺少灵气。而筇竹寺的五百罗汉却千人千面，活灵活现。

筇竹寺的五百罗汉是由谁雕塑的呢？雕塑工作由民间雕塑家黎广修和他的六个弟子担任，于清光绪九年开始至光绪十六年（1883—1890年）雕塑完成。黎广修是合川（今重庆）人。自幼熟读诗书，能诗善画，笃信佛教。为了体现佛教众生平等、人人皆可成佛的思想，他把五百罗汉雕塑成了芸芸众生。筇竹寺的五百罗汉与其他寺庙的五百罗汉有很大的区别。

区别之一，是筇竹寺的五百罗汉不像神，更像人。各色人等，在这里都有一定的位置。文官武士、优伶百工、贩夫走卒、渔樵耕读，都成了罗汉。甚至康熙帝、乾隆帝，也厕身其间，当了罗汉。最有趣的是，黎广修及其六位弟子，也把自己塑成了罗汉。这体现了黎广修信仰的佛祖面前人人平等的禅宗理念。

区别之二，是筇竹寺的五百罗汉形象生动，富于变化。他们或沉吟低唱，或谈佛论道，或低头沉思，或静观书画。可以毫不夸张地说，这是一幅惟妙惟肖的人间百态图。顺插一笔，四川新都宝光寺罗汉堂内，展有康熙帝和乾隆帝的罗汉塑像。康熙帝被塑成第二百九十五位阇夜多尊者；乾隆帝被塑成第三百六十位直福德尊者。他们更名改姓，头戴风帽，身着龙袍，俨然罗汉模样。甚至因康熙帝患过天花，脸上有麻子，阇夜多尊者的脸上也塑有这一特征。但皇帝的麻子被美化了，五个一团，成了梅花。另外，北京碧云寺罗汉堂的第444位破邪见尊者，也是乾隆帝的化身。这个罗汉形象的乾隆帝很英武，顶盔挂甲，罩袍登靴，两手扶膝，双目炯炯。

65 宾度罗跋罗度阇尊者

十八罗汉第一位。又作宾度罗跋罗汉，俗称骑鹿罗汉、坐鹿罗汉。他端坐神鹿之上，若有所思，清高自赏。宾度罗是印度十八姓之一，为贵族婆罗门的望族，跋罗度阇是名。据说，他本来是印度优陀延王的大臣，权倾一国。但他忽然心血来潮，自行去做了和尚。优陀延王亲自请他回转做官，他担心国王劝说，遂遁入深山修行。忽一日，皇宫前出现了一名骑鹿和尚，御林军认得是跋罗度阇，连忙向优陀延王报告。国王出来接他入宫，说国家仍然虚位以待，问他是否愿意回来做官。他说此次回来别无他想，是想导引国王出家。他用种种比喻，苦口婆心地说明各种欲念之可厌，不如出家静心。结果国王受其劝说，毅然让位于太子，随他出家做了和尚。

宾度罗跋罗度阇尊者有两件法器。他坐于松树之下，左手托钵，右手持笔打开石桌上经书，书旁香炉青烟袅袅。侍者持羽扇而立。他手中所持的经书和法钵，据说是处于恶趣的众生献与尊者的礼物。恶趣，佛教是指罪恶的去处。一般以地狱、饿鬼、畜生三趣，称为三恶趣，又称三途、三恶道，为纯粹恶业趣往之处。而天、人与之相反，为二善道。

这两件礼物就是两件法器。当时，宾度罗跋罗度阇尊者为恶趣众生说法。处于恶趣的众生，看到或者触摸到经书或法钵，都将得到多方的援助。由于邪念而坠入恶趣的人，看到或触摸尊者的两件法器，将会减缓所受的痛苦。两件法器还可帮助聋人、盲人恢复感官，亦可帮助精神失常的人恢复理智。

中国禅林食堂常供其像。相传，中国东晋时代的高僧道安法师，曾经梦见过一个来自西域的“胡道人”。此高僧发白眉长，仙人异相。这位胡道人因故不得入涅槃，只得暂住西域。他发愿要弘扬佛法，只要以饭食供养即可。后来道安的弟子慧远法师阅读了佛教戒律书《十诵律》，才明白道安所梦到的胡道人乃是宾度罗跋罗度阇尊者。由于有此一段缘故，在中国的佛教寺院的膳堂中，常常供奉宾度罗跋罗度阇尊者的圣像，称其为圣僧。

宾度罗跋罗度阇尊者，明代徽派版画，选自《寂光镜》，此套大致为明万历三十年（1602）序刊本

宾度罗跋罗度阇尊者像在中国出现较早。南北朝（420—589）时，佛教寺院就曾经绘画供奉过。五代（907—960）时，高僧贯休所作十六罗汉像中，就有此像。贯休（832—912），俗姓姜，字德隐，浙江兰豁人。唐末五代著名画僧和诗僧。被前蜀主王建封为“禅月大师”。他以诗著名，有《禅月集》存世。贯休多才多艺，能诗善画，或彼此唱和，或独自作画，见者无不惊异。其所画罗汉，绝俗超群，历代评价很高。其形象夸张变形，大异常人。贯休自称所绘罗汉形象怪异的来源为“梦中所见”。《十六应真像》成了后世临摹及雕塑罗汉佛像的范本。据史料记载，贯休的《十六应真像》始画于唐僖宗广明年间（880），至唐昭宗乾宁初年（894）才完成十六帧，前后用了十多年才完成此创作。五代十国时期，贯休为逃避战乱来到相对安定的西蜀，将《十六应真像》带到了四川。此后，辗转全国各地，历经磨难。五代后梁乾化二年（912）终于所居，世寿八十。

66 迦诺迦伐蹉尊者

十八罗汉第二位。俗称喜庆罗汉。善于说法，让众生得欢喜。他是古印度论师之一。原为富家公子，初遇佛祖聆听说法便倾心。他修行专心，对“喜庆”有独到见解。

他的得道，有一个传说。一次偶然的机会，佛祖遇到迦诺迦伐蹉虔诚地礼拜。迦诺迦伐蹉见到佛祖感到很高兴，佛祖为他讲了“四种结业”（即杀生，盗窃，邪淫，妄言），“四处恶行”（即永无满足之自私的贪欲，忌妒交狂之恼怒的嗔恚，所做行业之后果的恐惧，执断执常知己见的愚痴）和“六种不应做的事”（即嗜酒，好赌，闲荡，沉迷歌舞，爱交恶友，懒惰）等等。迦诺迦伐蹉听后，如醍醐灌顶，茅塞顿开，成了佛祖的弟子，并证得阿罗汉果。

迦诺迦伐蹉尊者率领五百阿罗汉居住在北方迦湿弥罗国，守护佛法，教化众生。

67 迦诺迦跋厘堕阇尊者

十八罗汉第三位。俗称托钵罗汉、举钵罗汉。他是一位慈悲平等托钵化缘的行者。借托钵讲经宏法，教化世人，散播福德。他率六百阿罗汉，住东胜神洲，守护神法，教化众生。

他是一个感情容易冲动的人。佛祖因材施教，特地为他讲了长生童子的故事，使他不再和其他人争吵。由于他化缘的时候每次都是举起铁钵求援，修成罗汉后，被世人称为“托钵罗汉”。

68 苏频陀尊者

十八罗汉第四位。俗称托塔罗汉，是佛祖的关门弟子，即是释迦牟尼佛的最后一位弟子。他出生于印度舍卫城的一个佛教世家，对佛的追求执着，年纪虽小，但修行却超过师兄。他率七百阿罗汉住北俱卢洲，护持佛法，教化众生。

他常常手托一塔，即佛祖舍利塔。他以此怀记佛祖的教诲，并启化众生播种福德，以成就佛道。他为表示怀念和追随佛祖，特制一塔随身携带。所以苏频陀尊者又称为“托塔罗汉”。

69 诺矩罗尊者

十八罗汉第五位。俗称静坐罗汉。他出家前是一名勇猛的战士，性格豪爽，体格魁伟，后来出家。佛祖让他静坐，以消磨从前当士兵时的那种粗鲁野蛮的性格，并于禅坐中暝思世界宇宙的真理，证悟后说法度众。但他静坐时仍显示出大力士的体魄。静坐后修成得道。所以又称他为“静坐罗汉”。他率八百阿罗汉住南瞻部洲，护持佛法，教化众生。

苏频陀尊者，清乾隆时期泥金绘本，选自《十六罗汉图赞》

70 跋陀罗尊者

十八罗汉第六位。俗称过江罗汉。他是佛祖的侍者，主管洗浴事，有些禅林浴室供其相。跋陀罗尊者的母亲怀孕临盆时，把他生在了跋陀罗树下，所以给他取名为跋陀罗，跋陀罗出家后成为罗汉。据称，他曾乘船去东印度群岛传播佛教，因此后世称他为“过江罗汉”。他率九百罗汉住耽没罗洲，护持佛法，教化众生。

71 迦理迦尊者

十八罗汉的第七位。俗称骑象罗汉或拂尘罗汉。又作迦力迦、伽罗，或嘎礼嘎等，是佛祖的一名侍者。他本是一位驯象师。象力大无穷，耐劳又能致远，也是佛法的象征。象的梵文名迦理，迦理迦即骑象人，他出家修行而成正果，所以世人称他为“骑象罗汉”。他以清净慈悲心，用拂尘祛除众生的烦恼，率一千阿罗汉住僧伽荼洲，弘扬佛法，教化众生。

跋陀罗尊者，
清乾隆时期泥金绘本，
选自《十六罗汉图赞》

72 伐阇罗弗多罗尊者

十八罗汉第八位。俗称笑狮罗汉。又作阇罗弗多罗、伐阇那弗多等。他身体魁梧健壮，仪容庄严凛然。尊者经常将小狮子带在身边，所以世人称他为“笑狮罗汉”。他率一千五百阿罗汉住钵剌拿州，护持佛法，教化众生。

据说，由于他往生从不杀生，广积善缘，故此一生无病无痛，而且有五种不死的福力。故又称他为“金刚子”，深受人们的尊敬。虽然他有如此神通，但勤修如故，常常静坐终日，端然不动。而且能言善辩，博学强记，通晓经书，能畅说妙法；但他难得说法，往往终日不语。他的师兄弟阿难诧异地问他：“尊者，你为何不开一次方便之门，畅说妙法呢？”尊者答道：“话说多了，不一定受人欢迎。尽管你句句值千金，却往往会令人反感。我在寂静中可得法乐，希望大家也能如此。”

73 戍博迦尊者

十八罗汉第九位。俗称开心罗汉。又作戒博迦、瞿波迦、锅巴嘎等。他袒露心迹，洁白无瑕，启示众生若能常保持心地的清净，不造恶业，努力行善，自身便是佛，自心即是佛心。

有一种说法认为戍博迦尊者乃是“贱民”之意。其意是说，他的出身低微曾是舍卫城的乞丐或曾被阉割，并于宫中为奴。后被佛祖收留为弟子，很快修成阿罗汉果，称为“开心罗汉”。

还有一说法则认为戍博迦尊者是大有来头的。据说，他就是唐玄宗开元四年（716）来长安的善无畏尊者。其人本是中天竺国王之太子，国王立他为储君。他的弟弟不服，因而作乱。戍博迦尊者对弟弟说：“你来做皇帝，我去出家。”他的弟弟不信。戍博迦尊者说：“我的心中只有佛，你不信，看看吧！”说罢解开衣服。弟弟看见戍博迦尊者胸腔里的心中果然有一尊佛，因此才相信他，不再作乱。后来，戍博迦尊者真的出家了，并到中国的京城长安传教。中国译他的名字为善无畏。他率九百罗汉住于香醉山中，守护佛法，教化众生。

74 半托迦尊者

十八罗汉第十位。俗称探手罗汉。又作半他迦、半托迦、槃陀迦、半诺迦、槃陀、槃兔等。意为“路边生”，可见他是私生子。

据说，他的母亲原是一个大富人家的女儿，因与家奴私通，逃到别国，久而有孕，临产思归。于途中先后产二子。长名“摩诃般陀”，弟名“周罗般陀”。译成汉语，兄叫“大路边生”，弟叫“小路边生”。兄聪明，弟愚钝，后二人皆修成罗汉。半托迦尊者是兄，为第十罗汉；弟叫“注荼半托迦”，为第十六罗汉。半托迦尊者知识渊博，长于书算，精通音律。后来钻研佛法，皈依佛教。不久，其弟也随他出家，并修成正果。半托迦尊者打坐时常用半跏趺坐法，打坐完毕即双手举起，长呼一口气，又称“探手罗汉”。半托迦尊者率一千三百阿罗汉住三十三天，守护佛法，教化众生。

75 罗睺罗尊者

十八罗汉第十一位。俗称沉思罗汉。又作罗怙罗、罗护罗、罗云等，是佛祖释迦牟尼唯一的亲生儿子。

据说，佛祖出家之夜，释迦牟尼在俗时的妻子怀孕。六年后，佛祖成道之夜月食时，罗睺罗尊者降生。因其长期为母胎覆障，故名。还有一说，古印度认为日食月食都是由于一颗能蔽日月的罗怙罗星所造成的。这位罗汉是在月食之时出世，即以该蔽日月之星命名，故取名罗睺罗。

罗睺罗尊者出家后，成为佛祖释迦牟尼十大弟子之一，以密行修为著名，号称“密行第一”。所谓密行，就是在沉思中能知人所不知，在行功时能行人所不能行。他以能够忍受羞辱而著称。据说，他在舍卫城时，曾经被一些轻薄者打得头破血流，但他以慈心能忍，而受到佛祖的赞扬。他率一千一百名阿罗汉住毕利飏瞿洲，守护佛法，教化众生。

76 那伽犀那尊者

十八罗汉第十二位。俗称挖耳罗汉。又作罗迦那、纳阿噶塞纳等。常称其为“那先比丘”，是佛学理论家。二十岁具足戒，后修证阿罗汉果。他曾到古印度西北舍竭国，拜见国王弥兰陀，应国王询问，以各种比喻广泛说明人生无常，善恶报应等佛法，以及佛教徒修行等重大问题。深入浅出，对答如流。其所有问答都登载在佛教经典《那先比丘经》里。这是对佛教基本教义的最大阐发。他率一千二百阿罗汉住半度波山，护持佛法，教化众生。

77 因揭陀尊者

十八罗汉第十三位。俗称布袋罗汉。又作因羯陀、因竭陀。因揭陀生于中印度门第显赫之家，是家中独子。但他不贪图荣华富贵，而一心想要出家，此举遭到家里的强烈反对。几经磨难，他终于在国王的帮助下，如愿以偿，跟随佛祖出家了。另一说认为他是古印度的捕蛇人，经常携带一个布袋进山捕蛇，以免行人被蛇咬伤。故又称“布袋罗汉”。

78 伐那婆斯尊者

十八罗汉第十四位。俗称芭蕉罗汉。又作伐那波斯、拔纳拔西、伐罗婆斯等。他是一个举止儒雅、虚心好学的人。他无论何时何地都认真听讲，无论是佛祖所言，还是其他人所讲，都用心去记取。

有一次，目犍连尊者在说法时，连说了四句佛偈：诸恶莫作，众善奉行，自净其意，是诸佛教。这四句概括了佛教的宗旨。伐那婆斯尊者听后，深受启发。因他深思好学，很快就得了阿罗汉果。由于他常在芭蕉下用功，故又称“芭蕉罗汉”。他率阿罗汉一千四百住可住山，护持佛法，教化众生。

79 阿氏多尊者

十八罗汉第十五位。俗称长眉罗汉。又作阿资答、呵逸多等。

阿氏多尊者之所以成为罗汉，还有一个故事。阿氏多尊者因长相异常丑陋，被父母赶出家门，只好出门行乞。但人们都被他

伐那婆斯尊者，
清乾隆时期泥金绘本，
选自《十六罗汉图赞》

的容貌吓着了，没人愿意施舍他。他只好藏入山林，靠山泉野果为生，但就连山中的鸟兽也怕他。阿氏多尊者孤苦伶仃地过着野人般的生活。佛祖知道后，佛心大发，就和比丘一起进入山中度化他。阿氏多尊者见到佛祖和比丘的身影，竟然逃之夭夭了。佛祖无法，只得变成一位丑陋如鬼的人去接近阿氏多尊者。阿氏多尊者见到一个相貌跟自己相近的人，先是惊讶，接着便放松警惕地说：“我们都一样丑，一样寂寞，就做个好朋友吧。”佛祖和善地答道：“好的。好朋友，我先敬你这钵中的饭吧。”阿氏多尊者一听，正好自己十分

阿氏多尊者，
明万历十九年，吴彬绘，
选自《十六罗汉图卷》

饥饿，便不客气地把饭吃光了。

当他吃完后，却见眼前的人变成了一个俊秀的人。他奇怪地问佛祖，为何你变成好看的人了。佛祖指着远处在坐禅的比丘说："我刚才吃饭时，恭敬地看着那位比丘坐禅。这恭敬的心得到果报，我就变得端正了。"阿氏多尊者十分兴奋地说："还有这样的好事。丑人太苦，我真想变得端正些。"他便恭敬地瞧着比丘坐禅。这时，佛祖现了他的真面貌，光辉遍体，端庄慈祥。阿氏多尊者不由自主地跪在佛祖面前，请求出家。佛祖高兴地说："好，孩子，我收你为弟子。"自此，阿氏多尊者在佛祖的身边，勤修苦学，不久就成就了阿罗汉果。之后，他率一千五百阿罗汉，住鹫峰山，护持佛法，教化众生。

80 注荼半托迦尊者

十八罗汉第十六位。俗称看门罗汉。又作周利槃特、周离般他伽、拘利槃特、租查巴纳塔噶等。他是第十位罗汉半托迦尊者的弟弟，即"小路边生"，但哥哥聪明而他愚钝。在半托迦尊者的荐引下，注荼半托迦尊者也跟着佛祖修行了。但注荼半托迦尊者生来迟钝，出家四个月，一句偈语也学不全，习经而不能诵读。佛祖因材施教，就叫他日常为众比丘拂拭鞋履，培养他的服务意识，只诵习简单的经句。在佛祖的精心点化下，他终于获得智慧，突然颖悟，不久也证得阿罗汉果。佛祖送给他一根锡杖，上有几个环，摇动时就出声。他化缘时就在人家门口摇动锡杖，以求布施。故又称他为“看门罗汉”。他率一千六百阿罗汉住持轴山，护持佛法，教化众生。

81 庆友尊者

十八罗汉第十七位。俗称降龙罗汉，又作迦叶尊者。五代时，对罗汉的尊崇开始风行，绘画中十六罗汉发展为十八罗汉。后来增加的二位，说法不一。有的说是写《法住记》的庆友和尚和大译经家玄奘，还有的说是迦叶和布袋和尚。最后乾隆皇帝把第十七罗汉定为降龙罗汉（即迦叶尊者），第十八罗汉定为伏虎罗汉（即弥勒尊者）。

另一种说法指《法住记》的作者庆友和尚就是庆友尊者。苏东坡认为庆友应是十八罗汉中的第十七罗汉。在“五百罗汉”中他排列第一百九十三位。佛陀涅槃后八百年时，庆友降生于师子国（今斯里兰卡），是当时的著名高僧。古印度有恶魔波旬，他煽动那竭国人四出杀害和尚，尽毁佛寺佛塔，将所有佛经劫到那竭国。后由庆友尊者降服了龙王，取回佛经，因此人们称他为“降龙罗汉”。这是根据清朝乾隆皇帝的定义所写。

庆友及其弟子撰写了佛教经典《法住记》，后由唐玄奘译为汉文。庆友尊者在《法住记》中首次为大小乘佛教进行了分类，又将十六罗汉的法名和住址告诉大众。从此佛教徒对“十六罗汉”的崇拜逐渐风行起来。

弥勒尊者

82

十八罗汉第十八位。他是弥勒尊者，俗称伏虎罗汉。

传说，弥勒尊者所住的寺庙外，经常有猛虎因肚子饿而长啸，弥勒尊者把自己的饭食分给这只老虎，时间一长猛虎就被他降服了，常和他一起玩耍，故又称他为“伏虎罗汉”。

另一说法是第十八位是“四大声闻”中的“君屠钵叹”。十八罗汉是由十六罗汉发展而来的。据史料所载，北宋大文豪苏东坡谪居海南时，先后看到前蜀简州金水张玄所画十八罗汉图和五代贯休所画十八罗汉图，并都为之赋诗作赞。苏氏在给后者的赞文《自海南过清远峡宝林寺敬赞禅月所画十八大阿罗汉》中列出了十八罗汉的名称。他们是：前十六罗汉与《法住记》所记相同，第十七位是“庆友尊者”，第十八位是“宾头卢尊者”。这是关于十八罗汉的最早记载。很明显，苏轼所记的第十七位庆友尊者是《法住记》作者，不属于受佛祖咐嘱的住世罗汉；第十八位宾头卢和第一位重复，将此二人与十六罗汉组合一起完全是没有道理的。正因如此，关于十八罗汉的最后两位引起了后人的种种推测与考证。

北宋高僧志磐率先对苏轼所说提出质疑，并重新订正。他在所著《佛祖统纪》中将苏轼所记的庆友和宾头卢两位全部排除。他的理由是，庆友为《法住记》作者，虽证得阿罗汉果，但并未受咐嘱住世，不应在住世之列；宾头卢是第一罗汉的重复，不能反复充数。他提出第十七和第十八位应为摩诃迦叶和君屠钵叹，这两尊者方是正当名分受佛咐嘱的住世罗汉。

到清朝乾隆年间，乾隆皇帝和章嘉呼图克图活佛认为，十八罗汉的最后两位应该是降龙罗汉嘎沙鸦巴尊者（即迦叶尊者）和伏虎罗汉纳答密答喇尊者（即弥勒尊者），降龙伏虎很合中国人的口味，再加上是钦定，从此十八罗汉便被规定了下来。

十六罗汉是有历史依据的，而十八罗汉的形成并没有什么经典依据。主要是当时画家们在十六罗汉之外加画了两位，加之后来清乾隆皇帝的参与，故成为以后最流行的罗汉群像。

第七章 高僧部

達磨

83 摄摩腾

摄摩腾是东汉高僧。全名迦摄摩腾、竺叶摩腾、迦叶摩腾。摄即迦叶，意译饮光，摩腾意译大象，中天竺人。擅长礼仪，精通大小乘经典，常以游化为己任。

摄摩腾的事迹出自《御制神僧传》，这里首先要介绍一下《御制神僧传》的作者明成祖朱棣。明成祖朱棣（1360—1424），是明朝的第三位皇帝，1402—1424年在位二十二年，年号永乐。

著名明清史学者孟森在其《明史讲义》中评道：“明成祖朱棣是历史上争议颇大的一位帝王，他立有不世之功，创造了明初盛世，但他好大喜功，多疑好杀，手上沾满了鲜血。总体来说是功大于过。”晁中辰在其《明成祖传》中评道：“明成祖是第一流的封建帝王，在第一流的封建帝王中，他也算是杰出的。”

明成祖朱棣不仅是杰出的政治家、军事家，他还是一位学问家。他命人编纂的《永乐大典》保存了我国十五世纪以前的大量文化典籍。是中华民族珍贵的文化遗产，是中国古代最大的百科全书，也是当时世界上最大的百科全书。他对佛教亦有足够的兴趣。他在繁忙丛脞的政务军事活动之余，还广搜博采，亲自动手，编成

摄摩腾尊者像

了九卷的《御制神僧传》。此书收录自东汉明帝时的摄摩腾、竺法兰至元代的胆巴等古代高僧，凡二百零八人。

《御制神僧传》卷一第一篇即记载了摄摩腾的前尘往事。佛子摄摩腾，本是中天竺人。天竺是指今印度和巴基斯坦等南亚一带的国家。中天竺指今印度。他长相俊美，仪表风雅。他还精通大小乘经书，知识渊博。他以到各地交游教化为己任，是一个政治说客。

有一次，他前往天竺一个附属小国讲解《金光明经》时，恰遇外国军队侵犯其国境。摄摩腾想：据经上讲，能够说明此经法，就可以为地神所护，使你们国家安然无恙。现在即将爆发战争，这不是以经法使人民获益的好机会吗？他因此发誓牺牲自己的利益，亲身前往边境劝和。后来经过他的游说，两个国家和好如初。他自己也由此声名鹊起。

到了东汉明帝永平十年（67），发生了一件事。汉明帝夜梦金人飞空而至，他十分惊奇。次日乃大集群臣，以占卜预测此梦的吉凶祸福。知识渊博的大臣傅毅上奏说："臣闻西域有神，其名曰佛，陛下所梦到的大概就是佛吧。"皇帝以为他说得很对，因此就派遣司长蔡愔博士及其弟子秦景等，前往天竺寻访佛法。

蔡愔一行于彼国巧遇摄摩腾，邀请他前来中国。摄摩腾自来誓志弘通佛法，因此不惧疲苦，冒涉流沙，与竺法兰一起，以白马驮佛经佛像来到京城洛阳。汉明帝隆重迎接他们，并大加赞赏与奖励，于城西门外建白马寺让他们居住。白马寺也因此成为中国官方修建的第一座佛寺。摄摩腾和竺法兰在那里译出了《四十二章经》，被视为汉译佛经之始。

但是佛教大法初传华夏，皈依信仰之人很少。由于找不到具有接受能力的人来向他们弘扬佛法，摄摩腾只好将对佛法的高深见解蕴藏于胸中。没过多少年，摄摩腾卒于洛阳。

竺法兰

84

竺法兰，东汉高僧。竺法兰乃梵语，意译法宝，中天竺（古印度）人，生卒年月不详。

竺法兰的事迹载于明成祖朱棣所著《御制神僧传》卷一第二篇。其人本为天竺国学者之师，自言能诵经论数万章。汉明帝派司长蔡愔一行十二人出使其国，访寻佛法。竺法兰正好与摄摩腾一起游走化缘。他们受到中国使臣的邀请后，准备相偕同往东土，却被其学徒尽力挽留并设法阻止。无奈，竺法兰只得从间道潜行，最终到达东汉帝京洛阳，与摄摩腾同住白马寺。

竺法兰博闻强记，年少时就能说汉语，便在白马寺清凉台翻译蔡愔从西域带回的佛经。他曾先后译出《十地断结经》《佛本生经》《法海藏经》《佛本行经》等四部，还与摄摩腾共同翻译了《四十二章经》一卷。后因经历多次战乱，前四部经书均已遗失，只有《四十二章经》传世，此经近二千余言。中国后代现存诸经，都以它为源头。

早在西汉时，汉武帝曾穿过昆明池底，不料身上染有黑灰。当时汉武帝曾问于东方朔，朔回答说不知道是何原因，让问问西域人。竺法兰至洛阳后，众人遂追问其事。竺法兰答说：“世界终究毁灭过，

竺法兰尊者像

劫火是从水底的洞中燃烧起来的，此灰就是见证。”竺法兰的说法印证了东方朔的预言，因而信众遂多。后竺法兰卒于洛阳，享年六十余岁。

85 安世高

安世高，东汉著名佛经翻译家。本名清，字世高。出家前是安息国（亚洲西部的古国，领有伊朗高原与两河流域）太子。

他的事迹载于明成祖朱棣《御制神僧传》卷一第三篇。安世高年幼时以孝行闻名，聪敏好学，深知世间疾苦，并精通各国典籍，至于七曜五行、鸟兽之声、医方异术，更是无不通达。安世高走在路上，仰头看见一群飞翔的燕子，忽然转身告诉同伴说：“燕子说，等会儿一定有送食物的人来。”不久，他的话果真应验了，众人都感到非常奇异。

安世高是一位集通晓天文、风角、医学于一身的佛教徒，在西域各国远近闻名。父王死后，他深悟苦、空，厌离名器，不继承王位，让位于叔父，自己出家修道。他曾游历西域各国，通晓各国语言。汉桓帝建和二年（148），安世高来到京都洛阳，不久学会汉语。那时，佛教传入中国内地已有一百多年了，在宫廷中和社会上已有不少信仰者，为了让社会上更多的人更好地了解佛教，信仰佛教，安世高主动承担了翻译佛经的工作。到汉灵帝建宁年间（168—172年）为止，持续翻译工作长达二十余年。汉灵帝末年，中原战乱，安世高避乱到江南的江西、浙江等地。有不少关于他的神奇故事在民间流传，晚年踪迹不详，在中国活动约三十年。据说最后病死于会稽（今浙江绍兴）。

安世高是小乘佛经的首译者。印度佛教传入中国，并在中国发展，直至形成中国佛教，大致经历翻译佛经、形成学派、创立宗派三阶段。印度佛教在中国最初的传播，是与翻译佛经相联系的。最早的一批译经者，不仅有中国本土人士，还有西域来华僧人。安世高可以说是佛经汉译的创始人，他首先译介了印度小乘佛教禅类的经典。

安世高所译佛经的部数，历来各种经录的记载互有出入。东晋佛教学者道安编纂的《众经目录》列举了安世高所译经典共三十五种四十一卷。其后历经散失，现存二十二种二十六卷。安世高所译佛经主要有：《安般守意经》《阴持入经》《大十二门经》《小十二门经》《百六十品经》《九横经》《七法经》《五法经》《义决律》《思唯经》《十二因缘经》《难提伽罗越经》《五十校计经》《七处三观经》《积骨经》《八正道经》《切流摄守因经》《本相猗致经》《是法非法经》《人本欲生经》《漏分布经》《长阿含十报经》等。

86 朱士行

朱士行（203—282），三国时高僧。法号八戒，祖居颍川（今河南省禹州市）。

公元250年，印度律学沙门昙河迦罗到洛阳译经，在白马寺设戒坛，朱士行首先登坛受戒，成为中国历史上最早正式出家受戒的和尚，也是中国第一位西行求法的僧人。

他的事迹载于明成祖朱棣《御制神僧传》卷一第五篇。他出家受戒以后，在洛阳钻研、讲解《小品般若经》，感到经中译理未尽，文意隐晦。因为当初翻译的人把领会不透的内容删略了很多，讲解起来词意不明，又不连贯。他听说西域有完备的《大品般若经》，就誓志远行去寻找原本。

公元260年，他从雍州（今长安县西北）出发，一路向西到于阗国（今新疆和田一带），果然得到《大品般若经》梵本。之后，他就留在那里抄写此书，共抄写九十章，六十多万字。公元282年，朱士行派弟子弗如檀等，把抄写的经本送回洛阳，自己仍留在于阗，后来在那里去世，享年八十岁。

87 佛图澄

佛图澄（232—348），西晋后赵时高僧。本姓白（一说帛），西域龟兹（今新疆库车一带）人。公元310年，他到达洛阳，时值西晋怀帝永嘉四年。石勒建立后赵政权后，佛图澄以鬼神方术深得石勒、石虎信任。他经常参与军政大事，被尊为“大和尚”。

《御制神僧传》卷一《佛图澄传》中记述：佛图澄是西域人，本姓白氏。少年时出家学道，能背诵经文数百万言，善解文义。虽然没有读汉地儒学史书，而与诸位学者高士辩论质疑，全能符合理义，没有人能难倒他。他自说，曾两次到罽宾（今克什米尔地区）国学法，受诲名师。西域的人都说他已经得道。

佛图澄“善念神咒，能役使鬼物”。他用麻油掺合胭脂，涂在手掌中，千里之外的事物，全部显现于手掌之中，就如面对一样。不仅他能看到，

佛图澄尊者像

也能使持戒治斋的人看到。“又听铃音以言事，无不效验”。他听见塔铃之声就能断定事情的凶吉，没有一次不灵验的。他本来想在洛阳建寺弘法，但此时正逢刘曜叛乱，帝京动乱。因此，佛图澄在洛阳建寺弘法的大志没有实现。于是，“乃潜身草野，以观世变”。他隐居山林草野之地，以观世态的变化。

后来佛图澄来到襄国（今邢台市），奔投石勒部下，出谋划策，辅助石勒称帝，建立赵国。石勒登位后，对佛图澄十分崇敬。有事必先问佛图澄，而后才发令行动。石勒死后，石虎废除其子石弘，自称天王，对佛图澄更加敬奉。

《御制神僧传》还记载了许多佛图澄的特异功能。幽州灭火即是一例。《御制神僧传》中记述：“澄尝与虎共升中堂，澄忽惊曰：幽州当火灾。乃取酒洒之。久而笑曰：救已得矣。虎遣验，幽州云：尔日火从四门起，西南有黑云来，骤雨灭之。云亦颇有酒气。”这是说，一次，佛图澄曾与石虎共同坐在襄国中堂之上，谈论经法。佛图澄忽然吃惊地说：“幽州发生了火灾。”随即取酒向幽州方向喷洒。过了很久，佛图澄笑着对石虎说：“现在幽州的火灾已经扑灭了。”石虎觉得奇异，不太相信，就派遣使者前往幽州验证。使者回来对石虎说：“那一日火从四大城门烧起，火势猛烈。忽然从南方飘来一层黑云，既而天降大雨，将火扑灭。雨中还能闻到酒气。”甘肃省敦煌市莫高窟中还有两组壁画，就是描绘《幽州灭火》一事的。

《御制神僧传》记载：弃家入道，一百九年。酒不逾齿，过中不食。非戒不履，无欲无求。受业追随，常有数百。前后门徒，几且一万。

在后赵建武十四年（348）十二月八日卒，享年一百一十七岁。他在赵国弘扬佛法，推行道化，所经州郡，建立佛寺八百九十三所。追随他的弟子，常有数百，前后门徒，多达万人，而且门徒中高僧辈出。佛图澄的著名弟子有法首、法祚、法常、法佐、僧慧、道进、道安、僧朗、竺法汰、竺法和、竺法雅、比丘尼安令首等。

道安 88

道安（314—385），东晋时杰出的佛教学者，般若学派“六家七宗”之一的“本无宗”的主要代表人物。俗姓卫，早年父母双亡，由同族兄长抚养成人。他七岁开始读书，过目不忘，再览能诵。《御制神僧传》记载其十二岁出家，虽天资聪颖，但相貌丑陋，起初并不为佛师所重。后来，他凭借过人的记忆力，脱颖而出，令佛师刮目相看。

一天，佛师交给道安一卷五千言经书，令其诵读。道安携带经书下田劳作，只有休息时才有机会翻看。晚上收工回到佛寺，道安将此书还给佛师，并请求再读一卷。佛师不解地问道：“今天给你的经书还没读完，怎么还要再读别的经书？”道安平静地答道：“徒弟已经读完，并暗暗地记下了。”佛师听完，十分惊异，但将信将疑。于是，佛师取出有一万言的《成具光明经》交给道安。第二天晚上，道安又将此经书归还给佛师，并说此经书的全部内容，他已经全部背诵下来了。佛师不信，当场考试。“师执经覆之，不差一字”。佛师手拿经书，眼睛盯着经文，让道安当场背诵，居然一字不差。“师大惊嗟，敬而异之”。道安的异乎常人的记忆力，犹如最强大脑！

佛师此时才觉悟，道安是一个不可多得的人才。因而鼓励他去游学，以增长学问，成为大师。道安先到邺地（今河北临漳），拜名僧佛图澄为师。后到襄阳等地传授佛法，既讲大乘，又讲小乘；既重禅观，又重义解。从此，名声大噪，为天下知。

道安制定了佛教戒规，约束僧尼。随着道安南下襄阳，佛法传播范围不断扩大，各地僧团日益增多，为使僧尼行有节度，道安制定一套僧尼戒规，将僧尼的活动纳入规范，对当时的僧团影响甚大。道安成为中国佛教史上第一位制定佛寺戒规的僧人。

道安在襄阳期间撰写了《道安录》。道安思及佛教传入中国后，因经文艰深、条件限制、年代久远等原因，现有经书舛误过多。有鉴于此，道安广泛搜求各种译本，加以筛选整理后，编纂出《综理众经目录》，又称《道安录》。此书编辑了后汉至东晋孝武帝宁康二年，历时约两百年间的汉译佛典与注经作品，为我国第一本佛典目录。

东晋太元四年（379），前秦王苻坚攻克襄阳。苻坚久闻道安大名，将其请到长安，住城内五重寺（今护国道安寺），推崇备至。道安在长安组成大道场，传播佛法，学习者数千。

道安还召集中外翻译人才，组成翻译团队。他亲自指导，选经翻译，并对所译经典详加校订，一一作序。道安及其团队翻译的佛教经典主要以小乘“说一切有部”为主，兼及部分大乘佛经。“说一切有部”为小乘佛教二十部中最具代表性的一部，主张三世一切法皆是实有。道安及其团队共译出佛经十四部一百八十三卷，约百余万言。

道安主张僧侣以“释”为姓，是其对汉传佛教的一大贡献。道安的代表著作有《光赞折中解》《光赞抄解》《实相义》《性空论》等。

89 鸠摩罗什

鸠摩罗什（344—413），东晋时后秦高僧，著名的佛经翻译家。又作鸠摩罗什婆，简称罗什。天竺（今印度）人。其父名鸠摩罗炎，母名耆婆，属父母名字的合称，汉语的意思为“童寿”。与真谛（499—569）、玄奘（602—664）并称为中国佛教三大翻译家。另说还有义净（635—713），又说为不空（705—774）并称为四大译经家。

鸠摩罗什的真实生平颇具传奇色彩。他七岁时就跟随母亲出家，初学小乘。每天诵一千偈，三万多言。二十岁时，受戒，学习《十诵律》，后赴龟兹（现为新疆），习学大乘。其母曾预言，他将去往东土传经说法，途中将历尽坎坷磨难。

两晋列国混乱，其中人才争夺成为一大热点。公元382年，苻坚派骁骑将军吕光攻打龟兹，临行前在宫中对吕光说：“帝王应天而治，以爱民如子为本。并不是贪爱人家的地盘就去攻打，实在是因为那里有怀道之人。听说西国有个鸠摩罗什，深解法相，善明阴阳，是后学的宗师，朕非常钦慕他。贤哲是国家的大宝，如果打下龟兹，立即用快马把他送回来！”

吕光将鸠摩罗什俘虏后，见其仅是一个三十出头的年轻人，并无特别之处。就硬逼着鸠摩罗什与其表妹龟兹公主成亲。鸠摩罗什不肯，吕光就将其灌醉，硬将其与龟兹公主关在一间密室里。鸠摩罗什破戒后，愧悔万分，痛不欲生，求死不得，后为弘法，忍辱而生。

苻坚兵败淝水后，吕光在姑藏（现甘肃凉州）建立后凉国。此后，鸠摩罗什无法传授佛法，但他志心不改，仍孜孜不倦学习汉语，为以后弘扬佛法做语言上的准备。

公元401年，后秦姚兴发

兵后凉，大败凉军，并拜鸠摩罗什为国师，迎入长安，“待以国师之礼，甚见优宠”。至此，鸠摩罗什历经十九年，终于到达东土，走上传经之路。这一年，鸠摩罗什五十七岁。

鸠摩罗什在长安逍遥园和西明阁，主持三千多人的佛经译场，译经说法，招收弟子。他最大的伟绩就是翻译佛经。

鸠摩罗什在翻译过程中，力图准确无误，忠于原著。对于原译本中的错误，他逐一更正，所以他的佛经译本成为后世流传最广的佛教经典。鸠摩罗什在后秦生活十二年（401—413），其间，他与弟子一起译经三十五部二百九十四卷。主要有：《大品般若经》《法华经》《阿弥陀经》《金刚经》等经书，还有《中论》《百论》《十二门论》《大智度论》《成实论》等论书。

鸠摩罗什对自己所译佛经的准确性极为重视。据《御制神僧传》记载，他在病逝前曾就自己的舌头发过狠誓，说：“愿凡所宣译，传流后世，咸共弘通。今于众前，发诚实誓。若所传无谬者，当使焚身之后，舌不焦烂。”意思是说，假如我所传的经典没有错误，在我焚身之后，我这个舌头就不会烧坏，不会烂掉。

不久，鸠摩罗什病逝。“即于逍遥园，依外国法，以火焚尸。薪灭形碎，唯舌不灰耳”。不久，鸠摩罗什圆寂，在长安逍遥园依佛制焚身，火灭身碎后，唯有舌头完好无损。

鸠摩罗什有著名弟子四人，即道生、僧肇、道融、僧睿，当时被称为“什门四圣”。

90 法显

法显，东晋高僧。他是中国佛教史上的一位名僧，一位卓越的佛教革新人物，杰出的旅行家和翻译家。法显（约

337—422），本姓龚，后赵平阳郡武阳（山西襄垣）人。三岁出家做沙弥，二十岁受比丘戒。

所谓比丘戒，指比丘、比丘尼所应受持之戒律。因与沙弥、沙弥尼所受十戒相比，戒品具足，故称具足戒。依戒法规定，受持具足戒即正式取得比丘、比丘尼之资格。

法显的一生，是往天竺取经及译经的一生。明成祖朱棣《御制神僧传》卷二，记载了法显前往天竺求法的经历：

东晋安帝隆安三年（399），与同学慧景等，发自长安（今西安），渡流沙。其路屡有热风、恶鬼，遇之必死。法显随缘委命，直过险难，至于葱岭。岭冬夏积雪，有恶龙吐毒，风雨沙砾，山路艰危，壁立千仞，凡度七百余所。次至小雪山，遇寒风暴起。慧景噤战不能前，语显曰："吾其死矣，卿可前去，勿得俱殒。"言绝而卒。显抚之泣曰："本图不果，命也奈何！"复自力孤行，遂过山险。凡所经历，三十余国，将至天竺。

在天竺，法显等人遍历北、西、中、东天竺，获《方等般泥洹经》《摩诃僧祇律》《萨婆多律抄》《杂阿毗昙心论》《摩诃僧祇阿毗昙》等梵本。后又搭乘商船到师子国（今斯里兰卡）。法显在师子国住了两年，获《弥沙塞律》《长阿含》《杂阿含》及《杂藏》等梵本。之后，法显由海路经耶婆提国（今印度尼西亚之爪哇）回国，于东晋安帝义熙八年（412）到达青州长广郡牢山（今山东青岛崂山）。法显此行，前后十四年，游历三十余国，携回很多珍贵的梵本佛经。第二年秋，法显到达晋都建康（今江苏南京），并留在那里同佛陀跋陀罗、宝云等译出《摩诃僧祇律》四十卷、《僧祇比丘戒本》一卷、《僧祇比丘尼戒本》一卷、《大般泥洹经》六卷、《杂藏经》一卷。其间，法显还撰写了《佛国记》（即《高僧法显传》），讲述了自己游历天竺等国的经历。后圆寂于荆州江陵辛寺。

91

菩提达摩（？—536），本名菩提多罗，南北朝时来华的印度僧人，简称达摩，意译道法。达摩出身贵族，乃婆罗门种姓，是南印度国香至王第三子。达摩在中国的经历与河南嵩山少林寺密切相关。

据少林寺《菩提达摩大师传》记载，师父般若多罗知道菩提多罗的前世因缘，便叫他同两个哥哥辨析其父亲施舍的宝珠，以试探他，让他阐发心性的精髓。然后对他说："你对于各种法道，已经博通。达摩就是博通的意思，你应该叫达摩。"于是他改号菩提达摩。达摩问师父："我得了佛法以后，该往哪一国去做佛事呢？听您的指示。"师父说："你虽然得了佛法，但是不可以远游，暂时住在印度。等我寂灭六十七年以后，你就到震旦（即中国）去。广传佛教妙法，接上这里的根。切莫急着去，那会让教派在震旦衰微的。"达摩又问："东方有能够承接佛法的大器吗？千年以后，教派会有什么灾难吗？"师父说："你所要推行教化的地方，获得佛法智慧的人不计其数。我寂灭六十七年以后，那个国家会发生一场灾难。你去了那里，不要在南方居住。那里只崇尚功业作为，看不见佛家道理。你就是到了南方，也不要久留。听我的偈语：跋山涉水又逢羊，独自急急暗渡江。可爱东土双象马，二珠嫩桂久昌昌。"达摩恭承教义，在师父身边服役将近四十年，从来没有懈怠。等到师父圆寂之后，他便在本国演说。

师父圆寂六十七年后，达摩决定前往中国弘法。达摩一行选择海路，漂泊三年，终于到达中国的南海。这时是梁武帝普通七年（526）九月二十一日。广州刺史萧昂备设东道主的礼仪，欢迎他们，并且上表奏禀梁武帝。梁武帝看了奏章，派遣使臣到广州迎请。梁武帝大通元年（527）十月一日，达摩等到达金陵（今南京）。梁武帝接见了达摩，问他："朕即位以来，营造佛寺，译写经书，度人出家不知多少，有什么功德？"达摩说："并没有功德。"梁武帝问："为什么没有功德？"达摩说："这些只是人天小果，有漏之因，如影随形。虽然有，却不是实有。"梁武帝说："怎样才是真功德呢？"达摩说："清净、睿智、圆妙，体自空寂。这样的功德，不是在尘世上追求的。"梁武帝又问："什么是圣谛第一义？"达摩说："空寂无圣。"武帝又问："回答朕的问话的人是谁？"达摩说："不知道。"梁武帝没有领悟。

达摩见与梁武帝话不投机，便在十月十九日来到长江岸边。他看到江水苍茫，没有渡舟，便寻得一根苇草，放入江水中，双脚踏上，苇草载人，凭风借势，须臾之间，达摩渡过了长江。这就是达摩"一苇渡江"的故事。

十一月二十三日，达摩到达洛阳。这时是北魏孝明帝孝昌三年（527）。达摩下榻在嵩山少林寺，面壁而坐，整天默默不语。僧人不知道是怎么回事，管他叫"壁观婆罗门"。其实，这是达摩禅法。唐释道宣著《续高僧传》记载，达摩的禅法是"凝住壁观，无自无他，凡圣第一；坚住不移，不随他教；与道冥符，寂然无为。"认为通过"壁观"，可达到"与道冥符"，即自身与真如佛性相契合的目的。不过，当时的僧人对此一无所知。

洛阳有个僧人名叫神光，听说达摩住在少林寺，便来到少林寺，拜访自己最心驰神往的圣人。神光早晚参见达摩，恭候在旁，而达摩却每天对着墙壁端坐，一言不发。神光听不到达摩的教诲，心想："过去的人求学访道，饿了，把骨头敲开吸食里面的骨髓，从身上扎出血来暂时充饥，割下珍贵的头发掩埋在泥里，或者舍身跳崖去喂老虎。古人尚且如此，我又是什么人呢？”

一日晚上，鹅毛大雪突降，神光站在殿外，一动不动。到天亮时，积雪已没过他的膝盖。达摩见此，怜悯地问道：“你久久地站在雪地里，要求什么事？”神光悲苦地流下泪来说：“只希望和尚慈悲为怀，打开甘露门，普度众生。”达摩说：“诸佛有无上妙道，是天长地久勤奋精进，行难行之事，忍难忍之情而修得的。哪能凭小德小智，轻慢之心，就想得到真乘，白费辛苦。”神光听了佛祖的教诲激励，悄悄拿了一把快刀，砍断了自己的左臂，将残臂放在达摩面前。达摩知道他是堪承大业的法器，就说：“诸佛最初求道的时候，为了证法而忘掉了形骸，你今天在我面前砍断手臂，你所追求的也可以得到。”

达摩于是给他改名叫慧可，收其为徒。九年后，达摩认为慧可学到了他的精髓，并在返回印度前，将袈裟传给了慧可。

达摩叮嘱慧可说：“过去如来把他的清净法眼传给迦叶大士，然后又辗转嘱托，传到我手里。我现在交付给你，你要护持。我把袈裟也传给你，作为传法的信物。它们各有自己的含义，应该知道。”慧可说：“请大师指示。”达摩说：“内传法印，以便正智与真理相契合；外传袈裟，以便教派承传旨意明确。若是后代轻薄，群起怀疑，说我是西天人氏，你是东方学子，凭什么得真法，你拿什么证明？你如今接受这袈裟和佛法，以后遇上灾难，只消拿出这衣裳和我的法偈，就可以表明化导无碍。我寂灭两百年后，衣裳就不再往下传了，佛法已经遍布天下。但那时候，懂佛道的人多，行佛道的人少；说佛理的人多，通佛理的人少。私下的文字，秘密的证说成千上万。你应当宣传阐发正道，不要轻视了没有真悟佛理的人。他们一旦回复正道，就跟没走弯路的人一样了。听我的偈言：‘我来到这里，本是为传妙法、救迷情。现在一花开五瓣，结果自然成。’”同时，又把《楞伽经》四卷传给慧可。

当时，魏皇帝尊奉释家，佛门俊才如林，但也不乏小人。达摩传播佛法便令光统律师和流支三藏二人妒忌非常，继而由妒转恨，竟生害人之心。他们前后五次在达摩的饮食里施放毒药。到第六次放毒时，达摩教化世人的因缘已尽，法教也有了传人，便不再自救。西魏文帝大统二年(536)十月五日，端坐圆寂。同年十二月二十八日，达摩安葬于熊耳山(今河南宜阳)，人们在定林寺为他建起了一座塔。

三年后，魏臣宋云奉命出使西域，回程经过葱岭时，同达摩祖师相遇。宋云看见他手里提着一只鞋子，便问：“大师往哪里去？”达摩说：“去西天！”宋云回来，把这事原原本本告诉大家。等到他的门人启开坟墓看时，只剩下一个空空的棺材，里面有一只鞋子。满朝廷的人都为之惊叹。官员们奉皇帝命令，取了那只鞋子，放在少林寺供奉起来。到了唐玄宗开元十五年(727)，鞋子被信道的人偷到了五台山华严寺，现在已经不知去向。

达摩在少林寺面壁九年一事的真假，众说纷纭。有学者认为，少林寺是北魏孝文帝为佛陀禅师(即佛陀扇多)所建的寺庙，佛陀为该寺第一任寺主，继佛陀任寺主的是僧调。当时达摩与佛陀、僧调是水火不相容的，故达摩不可能在少林寺“面壁九年”。这一传说应属后人的伪加。北宋释道原著《景德传灯录》说，达摩北渡后，“寓止于嵩山少林寺，面壁而坐，终日默然，人莫测之，谓之壁观婆罗门”。北宋高僧圆悟克勤在《碧岩录》中记载为“达摩至彼，亦不出见。

直过少林，面壁九年，接得二祖。彼方号为壁观婆罗门”。后人便以此记载作对联曰：“一苇渡江何处去，九年面壁彼人来”。对此，胡适在《菩提达摩考》中断言：“所谓少林面壁的故事，乃是后人误把少林寺佛陀的故事混作达摩的故事了。”究其原因，主要是因为禅宗后来取得优势地位，为了进一步扩大影响，理所当然地把当时颇具名声的少林寺列为祖庭。自然，达摩壁观也应当在少林寺进行了。

为了纪念达摩祖师，在少林寺内建有“达摩亭”“初祖庙”，还有“面壁石”也称影石。据传由于达摩面壁此长久的缘故，其面及身影已影入石中。达摩祖师到中国开创了新禅法。这个新禅法经其弟子慧可等以下几代禅师的阐发，到惠能时正式形成禅宗。达摩因此被尊为东土禅宗初祖。其后唐代智炬作《曹溪宝林传》，以西天佛祖传自迦叶至菩提达摩为二十八世，以后此说复为《景德传灯录》《传法正宗记》等所采用。

达摩的著作有《少室六门》上下卷，包括《心经颂》《破相论》《二种入》《安心法门》《悟性论》《血脉论》六种。还有敦煌出土的《达摩和尚绝观论》《释菩提达摩无心论》《南天竺菩提达摩禅师观门》等，但大都系后人所假托。

92 慧远

慧远（334—416），晋代净土宗高僧。净土宗之始祖。俗姓贾，雁门郡楼烦县（今山西宁武附近）人。出生于书香门第，从小资质聪颖，勤思敏学。十三岁时，便随舅父赴洛阳等地游学，“博通六经，尤善庄老”。由于矢志向学，气质变得超凡脱俗，以致“虽宿儒英达，莫不服其深致”。二十一岁时，偕同弟弟慧持，前往太行恒山（河北曲阳西北），参见道安法师。在聆听道安法师讲解《般若经》后，慨叹："儒道九流学说，皆如糠秕。"于是与其弟决定出家，随从道安法师修行。

慧远出家后，宵旰苦读，终获乐果。二十四岁时，他得以登坛讲佛。有信众不能理解佛法内涵，慧远便利用自己学过的知识，旁征博引，以致"惑者晓然"。对此，道安法师给予充分肯定，认为"特听慧远不废俗书"。

慧远弘法的同时，开始收徒传道。东晋孝武帝太元四年（379），道安法师为前秦苻坚所执，往长安，其徒众星散。慧远不得已，只得率领弟子数十人离开恒山，欲往广东罗浮山。他们路过浔阳（今江西九江）时，慧远被庐山吸引。他考察一番后，认为此地适合办道，便住了下来。

慧远在庐山还有两个离奇的传说。其一，叩地求泉。据说，慧远驻地龙泉精舍缺乏水源，他便用自己的禅杖叩击地面，并喃喃言道："如果此地可以让我立足，应该在叩击处有泉水涌出。""言毕，清流涌出，浚矣成溪"。其二，亢旱求雨。其后不久，浔阳地区发生严重旱灾，水池近于干涸。慧远亲诣池边，虔诚地祈祷《海龙王经》。此时，奇迹发生了。突然有一条大蛇，从池里跃入空中，接着即大雨如注。"须臾大雨，遂以有年"。解除旱情，当年即获得了好收成。因此，龙泉精舍以后就改称龙泉寺了。

此外，慧远在庐山传道，也得到了当地官员的大力支持。时有慧远的道友慧永，对刺史桓伊说："远公刚刚开始弘法，就有很多的徒众来亲近他，将来一定有更多的学者来追随他，如没有一个比较大的道场，那怎么行？"桓伊听了这话，发心建造东林寺。

东林寺建成后，慧远便以此为道场，弘道立说，前后长达三十余年。由于慧远的德望，当时的东林寺成为南方佛教的中心。天竺僧侣，望风遥仰，“东向稽首，献心庐岳”。庐山东林寺与长安逍遥园鸠摩罗什译场，作为南北二大佛教中心，遥相呼应。

东晋安帝义熙十二年（416），慧远圆寂于东林寺，时年八十有三，僧腊（僧尼受戒后的年岁）六十三年。浔阳太守阮侃及弟子将其安葬于庐山西岭，门下名士谢灵运为撰碑文，歌颂大师的德行及其光辉一生。

慧远著作等身，硕果累累，其主要著作：《大智论要略》《不敬王者论》《问大乘中深义十八科》《大智论序》《阿毗昙心序》《三法度序》《妙法莲华经序》《明报应论》《修行方便禅经序》《辩心识论》《法性论》《沙门祖服法论》《释三报论》《佛影赞》等。除著述外，慧远对佛教的传播还有两大贡献。

一是创建四字真经。为使广大信众更好地崇信佛法，慧远大师还依据《阿弥陀经》《无量寿经》《观无量寿经》和《往生论》，创建了口念“阿弥陀佛”四字真经，即可往生阿弥陀佛主宰的西方极乐世界的净土理论和简便易行的修行方法。

二是发扬大雁气功。慧远大师留给人们的不仅是一种佛教思想，而且有一种人们可以亲身感觉到、体验到的东西——大雁气功。相传大雁气功由晋代高僧道安所创，慧远是道安最得意的门生之一，慧远完全继承了道安祖师创立的大雁功法，并历代单传。

93 玄奘

玄奘，唐代高僧，通称三藏法师，俗称唐僧。翻译家，旅行家，中国佛教四大著名译经家之一，法相宗创始人。据唐释道宣著《续高僧传》记载，玄奘（602—664），原名陈祎，洛州缑氏县游仙乡凤凰谷陈村（今河南偃师县陈河村缑氏镇）人。玄奘祖上几代都在朝廷为官。祖父陈康，曾任北齐的国子博士。父亲陈惠，曾任隋朝的江陵县令。但玄奘并没有借上祖父和父亲的光，他出生时家道已中落，五岁丧母，十岁丧父，“少罹穷酷”。

玄奘兄弟四人，他排行最末。其二兄名陈素，早年出家，住洛阳净土寺，法名长捷。他精通佛法，又熟读老庄，是玄奘的佛教启蒙老师。

玄奘十一岁时，二哥长捷将他带进净土寺同住，“授以精理，旁兼巧论”。玄奘记忆惊人，学习刻苦，很快就能背诵《维摩经》《法华经》等佛教经典。十三岁时，玄奘正式出家，二十一岁受具足戒。

此间，他游学各地，参访名师。“欲慕大法，后达长安，住庄严寺。又非本望，西逾剑阁，即达蜀都（成都）。受诸经论，一闻不忘。唐高祖武德五年（622），二十有一，为诸学府雄伯沙门，讲扬心论。不窥文相，而诵注无穷。时曰神人。后又遍游荆（荆州）、扬（扬州）等州，访诸道邻，复还京辇（长安）。广就诸蕃，遍学书语，行坐寻授，数日博通，唯候机会”。他先后到过长安、成都、荆州、扬州，后来又回到了唐朝京都长安，期间，诵读学习了《涅槃经》《摄大乘论》《杂阿毗昙心论》《俱舍论》等高经崇论。

玄奘虽然知识越来越多，见识越来越广，但他却越来越感到不足。他深深感到中土诸师在佛理上派别纷争，各执己见。而且各类佛典，译文丛脞，注解纷呈，多不统一。他极想踏上西途，亲赴印度那烂陀寺，以求真经。“并取《十七地论》，以释众疑”。这个《十七地论》就是著名的《瑜伽师地论》，为印度佛教瑜伽行唯识学派及中国法相宗的根本论书，亦是玄奘西行取经法之最高目的。瑜伽师地，意即瑜伽师修行所要经历的境界（十七地），故亦称《十七地论》。

为此，玄奘曾经向朝廷陈表，奏请到西方"遵求遗法"，但未获允准。然而，后来突然有了一个机会，这个机会让玄奘抓住了。唐太宗贞观三年（629），京城长安发生饥荒，朝廷下令百姓可以自行求生。他从此踏上西行征程。

玄奘从长安出发西行，在途中经兰州到凉州（姑藏），继昼伏夜行，至瓜州，再经玉门关，越过五烽，渡流沙，备尝艰苦，抵达伊吾（哈密），至高昌国。到达高昌王城（今新疆吐鲁番县境），受到高昌王曲文泰的礼遇。后经屈支（今新疆库车）、凌山（耶木素尔岭）、素叶城、迦毕试国、笯赤建国（今中亚塔什干）、飒秣建国（今撒马尔罕城之东）、葱岭、铁门。到达货罗国故地（今葱岭西、乌浒河南一带）。南下经缚喝国（今阿富汗北境巴尔赫）、揭职国（今阿富汗加兹地方）、大雪山、梵衍那国（今阿富汗之巴米扬）、犍双罗国（今巴基斯坦白沙瓦及其毗连的阿富汗东部一带）、乌伏那国（巴基斯坦之斯瓦特地区），到达迦湿弥罗国。在此从僧称（或作僧胜）学《俱舍论》《顺正理论》及因明、声明等学，与毗戌陀僧诃（净师子）、僧苏伽蜜多罗（如来友）、婆苏蜜多罗（世友）、苏利耶提婆（日天）、辰那罗多（最胜救）等讨信纸佛学，前后共二年。以后，到磔迦国（今巴基斯坦旁遮普）从一老婆罗门学《经百论》《广百论》；到至那仆底国（今印度北部之菲罗兹布尔地方）从毗腻多钵腊婆（调伏光）学《对法论》《显宗论》；到阇烂达罗国（今印度北部贾朗达尔）从旃达罗伐摩（月胄）受《众事分毗婆沙》；到窣禄勤那国（今印度北部罗塔克北），从阇那多学《经部毗婆沙》；到秣底补罗国（今印度北部门达沃尔），从蜜多犀纳受《辩真论》《随发智论》；到曲女城（今印度恒河西岸之勒克），从累缡耶犀纳学《佛使毗婆沙》《日胄毗婆沙》。唐太宗贞观七年（633），抵摩揭陀国的那烂陀寺受学于戒贤。

那烂陀寺是当时印度最大的寺院，也是印度最高学府。那烂陀寺是佛祖说法的场所。佛祖涅槃后，佛祖的头发和指甲还一直保留在这里。佛祖寂灭后，又由五国国王出资，扩建此寺。寺院规模宏大，建筑壮丽。共有五院，内墙四重，墙高八丈，厚有六尺。外廓三重，墙高五丈。寺中精舍，高达三十余丈。又有铜像，高六丈余。寺中常住僧侣四千余人。如果加上来往客居的僧侣，可达万余人。

寺中僧人皆非等闲之辈，可以说个个都是佛教学者。寺规昭昭，该寺僧人，必须学通古今，否则无法立足。寺中精通二十部经论的，达一千之众；精通三十部经论的，有五百之多；精通四十部经论的，亦有三百人；再往上，精通五十部经论的，可以享受“三藏法师”尊称的，全寺却只有九位。

那烂陀寺的住持是戒贤长老，已经一百零六岁了。他是印度最著名的高僧，知识渊博，博闻强记。他拥有一个最崇高的称号，叫作正法藏。

玄奘游历西域和印度诸国，名声远播。对玄奘法师的到来，那烂陀寺的高僧早已风闻。寺中僧侣对远道而来的玄奘给予最热烈的欢迎。戒贤法师根据玄奘过去的表现，直接授予他为“三藏法师”，以补足十人之数。这是从来没有过的特殊恩宠。

那烂陀寺地位崇高，各界供养十分优厚。玄奘身为“三藏法师”，从此在生活上享有与此职称相当的优厚待遇。每日可以享受到上等食馔二十盘，又有槟榔、豆蔻、龙脑、香乳、俞蜜等供给。此外，每日还可吃到“大人米”。所谓“大人米”，是一种大如乌豆的粳米。此米做成饭后，香溢百步，极为名贵，是印度特产，产量极少，特供给国王及最高级别的高僧享用，故称“大人米”。玄奘还有专门的侍从人员：“净人”四名，婆罗门一名，从人三十名。玄奘所享有的待遇仅次于正法藏戒贤。由此可见，印度各界对玄奘法师的人品学问的高度敬重。

玄奘深知此行责任重大，不敢稍有懈怠。安顿下来之后，即全身心地投入到了学习之中。戒贤倾其所学，亲自指导，悉心传授，设坛开讲高深的经典《瑜伽师地论》。因是高僧戒贤主讲，千载难逢，听众多达上千人。第一遍共讲了十五个月，玄奘感到还不过瘾，就请戒贤大师再讲一遍。第二遍讲了九个月，玄奘听得心满意足。

玄奘跟随戒贤除学习《瑜伽师地论》外，还学习了《显扬圣教论》《对法论》《集量论》《中论》《百论》《俱舍论》《大毗婆沙论》《顺正理论》《因明论》《声明论》等论典。在寺学习五年，被评为该寺十德之一，其声名仅次于戒贤。

五年后，玄奘又游学四年，足迹遍及印度东部、南部、西部、北部数十国，声誉日著。回到那烂陀寺后，戒贤命其主讲《摄大乘论》《唯识抉择论》。此时，该寺高僧师子光根据《三论》提出新见解，批驳《瑜伽师地论》。众人一时陷于迷茫。玄奘挺身而出，著《会宗论》三千颂，融汇空有二宗，批驳师子光的见解，得到戒贤的赞赏。印度戒日王为他举行有十八国国王、数千僧侣参加的大法会。玄奘作为论主，宣讲大乘教义，十八天无一人提出异议，被一致推崇，尊为“大乘天”和小乘的“解脱天”，从而获得更大的荣誉。

唐太宗贞观十九年（645），玄奘返回唐朝首都长安。玄奘西行求法，往返十七年，旅程五万里，“所闻所履，百有三十八国”。他带回经书六百五十七部。当时唐太宗住在洛阳。玄奘东归，即受召见，请其回住长安弘福寺，后又住大慈恩寺。玄奘组织译经院，从贞观十九年开始，二十年间，主要从事译经工作。共译出大小乘经论七十五部，一千三百三十五卷，主要有《大般若经》《大菩萨藏经》《解深密经》《称赞净土经》《瑜伽师地论》等。所译佛经，概念准确，译文通顺。他还将《老子》和《大乘起信论》译为梵文，传入印度。又将西行路途见闻撰为《大唐西域记》十二卷，记述他西游亲身经历的一百一十个国家及传闻的二十八个国家的山川、地邑、物产、习俗等。

玄奘辗转五万里，用时十数年，到印度觅取真经。他的足迹遍布印度，影响远至日本、韩国以至全世界。他的思想与精神如今已是中国、亚洲乃至世界人民的共同财富。

94 道宣

道宣（596—667），唐代高僧，又称南山律师、南山大师，世称律祖。俗姓钱，润州丹徒（今江苏）人，一说长城（治所在今浙江长兴）人。道宣研究戒律，盛名远播西域，是中国戒律思想史上的重要思想家。

道宣生于京兆长安，父亲钱申任吏部尚书。“初母妊，而梦月贯其怀。复梦梵僧语云：汝所妊者，即梁朝僧祐律师。祐则南齐剡溪隐岳寺僧护也。宜从出家。”这是说，母亲姚氏怀孕时，梦见白月贯怀，有梵僧对她说：“这孩子前身是梁代的高僧僧祐，僧祐是南齐时剡溪隐岳寺的护法僧人。这孩子将来应该出家，弘扬佛教。”

钱申夫妇听从了梦中梵僧的话，在道宣十五岁时，让其投到智顺律师门下受业。十六岁时，道宣正式落发出家。二十岁时，拜大禅定寺“孤情绝照，映古夺今”的智首律师为师，受具足戒。智首律师著有《四分律疏》传说，是律宗在唐代繁荣的推动者。道宣曾听智首律师讲《四分律疏》四十遍。

道宣在而立之年，撰成《四分律删繁补阙行事钞》三卷（今作十二卷），阐发了他为律学开宗的见解。唐太宗贞观元年（627），撰制《四分律拾毗尼义钞》三卷（今作六卷）。

三十四岁时，道宣外出参学，广求诸律异传，拜访名师。三十六岁时，他到邺地日光寺（今河南安阳）向律宗相部宗的开山鼻祖法砺律师咨问律学，又撰《四分律删补随机羯磨》二卷，《四分律比丘含注戒本疏》三卷。四十一岁时，他在隰州益词谷撰《量处轻重仪》（一作《释门亡物轻重仪》）二卷、《尼注戒本》一卷。

四十六岁时，道宣入住终南山丰德寺。三年后，他撰成《比丘尼钞》三卷（今作六卷）。后即常住此山。时印度留学多年的玄奘回国，带回大批经论梵本，在长安弘福寺组成译场，开始译经工作。同年六月。道宣应诏前往长安参与其事，翻译佛典。五十岁那年，他又回到终南山。在丰德寺将所撰《羯磨》一卷增广为二卷，又将《疏》二卷增广为四卷（今作八卷）。

唐高宗乾封二年（667）十月三日，“安坐而化”。世寿七十二，法腊五十二。唐、宋二代，分别追加谥号“澄照律师”和“法慧大师”。

95 善无畏

善无畏（637—735），音译“戍婆揭罗僧诃”，亦译“输波伽罗”，一称“净师子”，唐代高僧。中国密宗的创始人

善无畏，《三教源流搜神大全》，
清宣统元年叶德辉校刊本

之一，与金刚智、不空并称为“开元三大士”。

善无畏原是中天竺（古印度）摩伽陀国人，释迦牟尼季父甘露饭王的后裔。十三岁时，善无畏继承乌荼国王位，后让位于兄到那烂陀寺出家，向达磨掬多学习密法，受灌顶，被尊为“三藏阿阇黎”。后遵师命到中国弘扬佛法，唐玄宗开元四年（716），善无畏以八十高龄抵达长安。唐玄宗礼之为国师，奉诏先住兴福寺，后住西明寺。

唐玄宗开元五年（717）奉诏于菩提院开始译经，为唐代密宗胎藏界的传入者。唐玄宗开元十二年(724)随驾入洛阳，继续译经。密教的根本经典《大日经》，又名《大毗卢遮那成佛神变加持经》，共七卷，由善无畏口译，一行禅师记录而成。其后又由一行禅师编纂，加以注释，撰成《大日经疏》二十卷。此外，尚译有《苏婆呼童子经》《苏悉地羯啰经》各三卷。

善无畏于唐玄宗开元二十年（732）上表奏请返回印度，但未得准许。三年后，即唐玄宗开元二十三年（735）十一月七日示寂，世寿九十九，法腊八十，葬于洛阳大善寺，后迁葬于龙门西山广化寺。死后赠“鸿胪卿”。1988年，为纪念善无畏，广化寺立起“善无畏三藏彰显碑”。

96 金刚智

金刚智(669—741)，唐代高僧。原名跋日罗菩提，是印度国王伊舍那靺摩的第三王子（另说为南印度婆罗门出身)。他是中国密宗的创始人之一，与善无畏、不空并称为“开元三大士”。

金刚智十岁在那烂陀寺出家。他知识渊博，精通显密教典，专修密法。据说他“生数岁，日诵万言，目览心传，终身不忘”。在那烂陀寺，金刚智随寂静学习《声明论》。二十岁受具足戒。此后，修学大小乘律学，研读《般若灯论》《百论》及《十二门论》等以大乘空观思想为主的论著。二十八岁，就胜贤论师学习《瑜伽师地论》《唯识论》及《辨中边论》。三十一岁，到南印度，从龙智修学密教，研究《金刚顶瑜伽经》《大日总持陀罗尼经》等密教经典，并得受金刚界的密法灌顶。自此，专心于密教。后游师子国（今斯里兰卡），入无畏山寺礼佛牙，登楞伽山，参拜佛迹。

金刚智学成密法之时，正值南印度久旱不雨，国王为此迎请金刚智到宫中求雨。果然不到数日，天降大雨。国王欢喜雀跃，金刚智因而受到至高供养及诸大臣和百姓的崇拜。此后，他开始云游四方，弘法传教，化导众生。

金刚智听说中国佛教正盛行，因此发愿到中国弘扬密教。他取海路到中国，并携带《大般若经》和其他各种佛典，以及印度的七宝器具和许多名贵香料珍品。途中多次被暴民所袭，同行的商船皆受到迫害，唯独金刚智所乘的船舶得免其难。经三年时间，路经锡兰、苏门答腊，于唐玄宗开元七年（719）偕弟子不空，抵达广州，建立密宗灌顶道场，开始弘扬密教。

唐玄宗开元八年（720），金刚智来到东京洛阳、西京长安，面谒玄宗，被唐玄宗尊为国师，住资圣寺。自此，他得以积极从事密教经典的翻译，并传授密法。他在资圣寺生活了九年，先后译出《金刚顶经》《瑜伽念诵法》《观自在瑜伽法》等八部十一卷。所到之处，必建金刚界大曼荼罗灌顶道场，有时奉敕为国祈雨，或为妃嫔、公主加持除病等。唐玄宗开元二十九年（741），金刚智奏请返回印度，经玄宗准许后，便动身返乡。谁知走到洛阳广福寺，却因病而示寂。世寿七十二，法腊五十一，葬于龙门。其付法弟子有不空、一行、慧超、义福、圆照等人。金刚智经由海路，善无畏经由陆路，分别携带了“金刚部”和“胎藏部”二经的灌顶传授密法来到中国，因此，同为开中国两部密法的始祖，为中国密宗的奠基者。

不空

97

不空（705—774），唐代高僧。梵名音译阿目佉跋折罗，意译不空金刚，北天竺（今阿富汗一带）人，一说师子国（今斯里兰卡）人。中国佛经四大译师之一，密宗创始人之一。不空与善无畏、金刚智并称“开元三大士”。

不空自唐玄宗迄唐代宗，皆为灌顶国师，官至鸿胪卿，封肃国公。所谓灌顶，即古印度帝王即位的仪式。佛教密宗仿效此法，凡弟子入门或继承阿阇梨（导师）位时，必须先经本师以水或醍醐灌洒头顶。灌谓灌持，表示诸佛的护念、慈悲；顶谓头顶，代表佛行的崇高。灌顶通俗地讲，就是一种仪式，是一种权力或职位交接的仪式。

不空是其受灌顶的号，他名智藏，或称不空智。不空幼年出家，十四岁在阇婆国（今印度尼西亚爪哇）遇见金刚智三藏，随其来中国。唐玄宗开元八年（720）到洛阳。唐玄宗开元十二年（724），二十岁的不空在洛阳广福寺受具足戒，参与译场，传五部密法。常随金刚智三藏往返东西两京。

唐玄宗开元二十九年(741)，唐玄宗下诏允许金刚智和弟子回国。但金刚智三藏从西京长安到东京洛阳时一病不起，于同年八月三十日圆寂。不空奉金刚智遗命，仍想前往天竺。这时他又奉朝廷的命令，赍送国书往师子国（斯里兰卡）。此时，他先到广州率弟子含光、惠䓪等僧俗三十七人，携带国书，于十二月附昆仑舶，经诃陵国（在今爪哇中部），未满一年即到师子国。当时师子国王因不空是大唐来使，殊礼接待，把他安置在佛牙寺。不空从普贤阿阇黎，受“十八会金刚顶瑜伽”法门和“大毗卢遮那大悲胎藏”，建立坛法。并请求开坛重受灌顶。他和他的弟子含光、惠䓪同时入坛受学密法，前后三年。同期，他广事搜求密藏和各种经论，获得陀罗尼教《金刚顶瑜伽经》等八十部，大小乘经论二十部，共计一千二百卷。

唐玄宗天宝五年（746），不空回到长安。最初，他奉敕在净影寺从事翻译和开坛灌顶。唐玄宗天宝九年（750）又奉旨放回本国，但不空到韶州时得病不能前进。唐肃宗至德元年（756）征召不空入朝，住兴善寺开坛灌顶。后来长安被安禄山的军队攻陷，不空仍然秘密派人和肃宗通消息。因此唐肃宗至德二年（757）肃宗还都以后，不空备受皇帝的礼遇。

在肃宗还都以后十七年中，不空得到朝野的倾心崇奉，广译显密经典，灌顶传法，教化颇盛。唐代宗永泰元年（765），不空译《仁王护国般若波罗蜜多经》和《大乘密严经》。唐代宗为其撰写经序，并赐号“大广智三藏”。

不空还派遣弟子含光到五台山造金阁寺，继又造玉华寺，并奏请于金阁寺等五寺各置定额僧二十一人，自后遂成为密教重心。唐代宗大历九年（774）圆寂，世寿七十，僧腊五十。唐代宗李豫敕赠“司空”，更加“大辩正广智不空三藏和尚”谥号。唐德宗建中二年（781），唐德宗李适（kuò）敕准不空弟子慧朗在大兴善寺为不空立碑。

不空一生译有《金刚顶一切如来真实摄大乘现证大教王经》（通称《金刚顶经》）等大乘及密教经典共七十七部，一百二十余卷。

中唐诸帝如玄宗、肃宗、代宗、德宗（时为太子）都曾依他受法灌顶或参加译事，其余王公大臣都对不空的译经传法尽力护持。唐翰林赵迁撰有《不空三藏行状》，记载居灌顶师位四十余年，受法门人约万计，由他授比丘戒的弟子也有二千人，因此他也是一代戒师。

一行　98

唐代高僧。亦称僧一行（673或683—727），俗姓张，名遂，巨鹿（今属河北）或魏州昌乐（今河南省南乐县）人。二十一岁从荆州景禅师出家，旋从嵩山普寂学禅，后从善无畏、金刚智学密法，又参与善无畏译场，翻译《大日经》。是唐代天文学家和佛学家。

张遂的曾祖是唐太宗李世民的功臣张公谨，被封为郯国公。父亲张擅为武功县令。张氏家族在武则天时代已经衰微。张遂自幼刻苦学习历象和阴阳五行之学。青年时代即以学识渊博闻名于长安。后剃度为僧，取名一行。先后在嵩山、天台山学习佛教经典和天文数学。

在嵩山少林寺，一行拜普寂禅师为师，学习北宗禅法。普寂禅师欲奠定自己北宗佛学的领袖地位，乃召集举办佛法大会。信息一出，应者云集。方圆数百里之内，大德名僧皆如期而至，赴会者达数千人。此时，嵩山内尚有一个隐士，名曰卢鸿，道高学富，名声远播。此公乃佛界文章高手，普寂禅师特请他撰文赴会，赞美此会，卢鸿应允。

佛法大会应时而开，当天卢鸿应邀赴会。到得会场，卢鸿拿出一篇宏文，置于几案之

中国人民邮政1966年发行的“僧一行”纪念邮票

上。此时，佛钟奏起，梵鼓齐鸣。卢鸿大咧咧地对普寂禅师言道："我这篇文章，长达数千言。字僻言怪，含义深奥，难以理解。我想可否在与会的众僧中，选出一个最为聪颖伶俐的，我亲自当面传授，以利理解。"普寂禅师笑笑，当即召唤一行前来。

一行明白来意之后，拿起几案之上的文章，略一过目，即将文章放回案上，然后微微施礼，便轻轻地退下了。卢鸿亲眼目睹一行扫视文章的全过程，感到一行举止轻慢，很是生气。佛法大会开始后，群僧齐集殿堂。只见一行从殿外飘然而至，站在殿中，放开喉咙，清音高亢，将卢鸿的文章，一字不漏，从头至尾，抑扬顿挫，诵唱一遍。此时，满座皆惊。卢鸿亦惊得目瞪口呆，错愕良久。会后，卢鸿深有感触地对普寂禅师言道："一行我是教不了啦，你也教不了啦。你让他去游学吧，也许会遇到高人可以教他。"普寂禅师听从了卢鸿的建言。自此，一行就离开嵩山少林寺，到处游学去了。

以上故事出自明成祖朱棣所著《御制神僧传》。这段记载，彰显了一行是一个智商极高的人，基因优异，记忆超群。可以说，一行是一个难得的科学怪胎。

一行在后来的游学中，还真的遇到了一个算学大师。一行听说有一位精通算术的高僧隐居在浙江天台山国清寺，便风尘仆仆，不远数千里，前来讨教学习。到得国清寺，只见院外古松森森，门前流水潺潺。他静静地站立在大门之外，微微听见了门内正有人在用筹棍演算习题。过了一会儿，这个演算习题的人对他的徒弟说："今天应当有弟子来到这里，跟我学习算法。现在，他应该已经到达门口了。怎么就没有人引导他来到这里呢？"又说道："门前溪流的水，如果自此由东向西流淌，弟子就应当到达了。"言罢，溪水果然改变流向，自东往西了。一行应言推门而入，向算学大师叩首礼拜，请其教授算法。而门前之水，又恢复东向流去。“一行到此水西流”从此闻名遐迩。

一行在国清寺中，跟随这位高僧，夜以继日，虚心学习，终于系统地掌握了数学知识，达到了当时的最高水平。这为他以后的天文、历法方面的成就，打下了坚实的学术基础。

为纪念此事，在天台山麓，国清寺门首，清溪潺流之侧，设立碑石一通，上刻“一行到此水西流”七个大字，以为纪念。

唐中宗神龙元年（705）武则天退位后，李唐王朝多次召他回京，均被拒绝。直到唐玄宗开元五年（717），唐玄宗李隆基派专人去接，他才回到长安。唐玄宗对一行的特行异能，早有耳闻。此次目睹其人，很想亲自试试他的能力。就问道：“你有什么特别的能力？”一行答道：“我擅长记忆。”唐玄宗二话没说，当即叫随侍把太监名册取来，让一行阅看。一行阅看一遍，唐玄宗命将名册覆盖上，命一行复述名册的内容。一行“记念精熟，如素所习”。见此情景，唐玄宗十分惊讶，“不觉降榻，为之作礼，呼为圣人，嗟叹良久”。

一行自从来到长安，就施展才华，为唐代的科学事业做出了极大贡献。

制造仪器和观测。一行主张在实测的基础上编订历法。为此，首先需要有测量天体位置的仪器。他于唐玄宗开元九年（721），率府兵曹参军梁令瓒设计黄道游仪，并制成木模。一行决定用铜铁铸造，于唐玄宗开元十一年（723）完成。这架仪器的黄道不是固定的，可以在赤道上移位，以符合岁差现象（当时认为岁差是黄道沿赤道西退，实则相反）。

后来，一行和梁令瓒等又设计制造水运浑象。这个以水力推动而运转的浑象，附有报时装置，可以自动报时，称为水运浑天或开元水运浑天俯视图。一行等以新制的黄道游仪观测日月五星的运动，测量一些恒星的赤道坐标和对黄道的相对位置，发现这些恒星的位置同汉代所测结果有很大变动。

制定《大衍历》。唐玄宗开元九年（721），天文学家、《推背图》的作者李淳风的《麟德历》几次预报日食不准，李隆基便命一行主持修编新历。从唐玄宗开元十三年(725)起，一行开始编历。经过两年时间，编成草稿，定名为《大衍历》。《大衍历》后经张说和历官陈玄景等人整理成书。从唐玄宗开元十七年（729）起，根据《大衍历》编纂成的历书颁行全国。经过检验，《大衍历》比唐代已有的其他历法都更精密。唐玄宗开元二十一年（733），《大衍历》传入日本，沿用近百年。

主持天文大地测量。一行受诏改历后组织发起了一次大规模的天文大地测量工作。这次测量，用实测数据彻底地否定了历史上的“日影一寸，地差千里”的错误理论，提供了相当精确的地球子午线一度弧的长度。

99 鉴真

鉴真（688—763），唐代高僧。亦称“过海大师”“唐大和尚”。著名医学家，律宗南山宗传人，日本佛教律宗开山祖师。日本民众称鉴真为“天平之甍”，意为他的成就足以代表天平时代文化的屋脊（意为高峰）。

鉴真俗姓淳于，广陵江阳（今江苏扬州）人。《御制神僧传》记载：鉴真“总角随父入大云寺，见佛像，感动夙心。因白父，求出家。父奇其志，许焉。后为一方宗首”。这是说，鉴真小的时候随父亲到大云寺参观，见到佛像，心中大动，便对父亲说出了自己要出家的愿望。父亲对此大为惊奇，遂答应了鉴真的请求。十四岁时，鉴真于大云寺为沙弥，从高僧智满禅师学佛。后又赴长安从弘景法师受具足戒，先后达三年，遂返扬州，学识渊博。

日本僧人荣睿、普照来华学佛留学，并敦请鉴真赴日传佛。鉴真欣然应允，克服种种困难，先后六次始成功东渡。“达于日本，其国王欢喜，迎入城，大寺安止，号大和尚”。他携带佛经、佛具及佛像，于唐玄宗天宝十二年（753）抵日本，此时鉴真已双目失明。

次年初，鉴真被迎入日本首都奈良东大寺。天皇诏曰：“自今以后，授戒传律，一任和上（尚）。”并授予“传灯大法师”位。四月，鉴真筑坛为日本天皇、皇后、皇太子及僧侣四百余人授戒。后在大佛殿西建成戒坛院，又仿照唐代建筑唐招提寺，作为授戒传律的基地。

鉴真努力弘扬佛法，传播中国文化。同时，以其丰富的经验，讲授医药知识，特别是他所带之香料药物等，至今日本奈良招提寺及东大寺正仓院仍保有其遗迹。他尝试治愈光明皇太后及圣武天皇之病。日本曾授予“大僧都”“大和尚”封号，日本民众誉他为“过海大师”。

唐代宗广德元年（763），鉴真和尚圆寂。“无疾辞众坐亡，身不倾坏”。

100 济公

被神化了的济公，在历史上确实有其人。济公（1130—1209）是南宋僧人，原名李心远、李修缘，台州（今浙江临海）人。李心远在杭州灵隐寺出家，法名道济，后移净慈寺。据说，他不守戒律，嗜好酒肉，特别是狗肉蘸大蒜。且举止如痴如狂，被称为“济癫僧”。灵隐寺对面的飞来峰的洞穴中，至今还留有济公床、济公桌。相传济公经常在这里偷偷地烧狗肉吃。

李心远后来被神化，认为是降龙罗汉转世，被尊称为“济公”。可惜，他去罗汉堂报到晚了，只能站在过道里，或蹲在房梁上。四川新都宝光寺和苏州西园戒幢律寺罗汉堂里的济公像，富有创意，十分传神。济公身着破僧衣，手拿破扇子，是典型的济公形象。他的面相也很特别：从左面看，笑容满面，叫作“春风满面”；从右面看，满脸愁容，叫作“愁眉苦脸”；从正面看，半边脸哭，半边脸笑，所谓“哭笑不得”。

济公一生惩恶扬善，扶贫济困，惩治贪官污吏，是老百姓心目中的大善人。他被当作路见不平拔刀相助的传奇人物，成了人们心中企盼的具有喜剧色彩的英雄形象。周恩来评价济公道：“人民很喜欢济公。他关心人，为不公平的事打抱不平。在民间流传着许多关于济公的美丽传说。”

图书在版编目（CIP）数据

佛界百佛／徐彻，李焱著. -- 上海：上海三联书店，2024.1重印
(中国民间崇拜文化丛书)
ISBN 978-7-5426-6415-0

Ⅰ.①佛… Ⅱ.①徐… ②李… Ⅲ.①佛教-宗教文化-中国-文集 Ⅳ.①B949.2-53

中国版本图书馆CIP数据核字（2018）第174344号

佛界百佛

著　　者／徐彻　李焱
责任编辑／陈马东方月
装帧设计／七月合作社
监　　制／姚军
责任校对／叶学挺
出版发行／上海三联书店
（200030）中国上海市漕溪北路331号A座6楼
邮购电话／021-22895540
印　　刷／上海艾登印刷有限公司
版　　次／2019年1月第1版
印　　次／2024年1月第13次印刷
开　　本／787×1092　1/32
字　　数／90千字
印　　张／7.75
书　　号／ISBN 978-7-5426-6415-0/B·598
定　　价／52.00元